Mission Wandel

Peter F. Schmid

Mission Wandel

Von einem Old-School-Unternehmen
zu einer Tech-Company – die
Geschichte einer Transformation

Peter F. Schmid
Visable GmbH (vormals Wer liefert was? GmbH)
Hamburg, Deutschland

ISBN 978-3-658-32174-1   ISBN 978-3-658-32175-8 (eBook)
https://doi.org/10.1007/978-3-658-32175-8

Die Deutsche Nationalbibliothek verzeichnet diese Publikation in der Deutschen Nationalbibliografie;
detaillierte bibliografische Daten sind im Internet über http://dnb.d-nb.de abrufbar.

Springer Gabler
© Springer Fachmedien Wiesbaden GmbH, ein Teil von Springer Nature 2020

Covermotiv: https://stock.adobe.com/de/images/isometric-vector-of-a-businessman-switching-to-digital-
technology-from-paper/241596396?prev_url=detail

Springer Gabler ist ein Imprint der eingetragenen Gesellschaft Springer Fachmedien Wiesbaden GmbH
und ist ein Teil von Springer Nature.
Die Anschrift der Gesellschaft ist: Abraham-Lincoln-Str. 46, 65189 Wiesbaden, Germany

Inhaltsverzeichnis

Über den Autor

Peter F. Schmid ist ein leidenschaftlicher Internet-Entrepreneur mit einer erfolgreichen Karriere bei AutoScout24, eBay, mobile.de und Parship. 2012 entschied er sich, von der Consumer auf die B2B-Seite und von der Internet-Welt in die Old-School-Welt eines ehrwürdigen Verlages zu wechseln, um dort als CEO die Digitalisierung mit dem notwendigen Kulturwandel voranzutreiben. Ein schockartiges Experiment für alle Beteiligten mit Erfolgen und Fehlschlägen, Frustrationen und begeisternden Momenten und einem guten Ausgang.

1

Einleitung – Wandel als Selbstzweck oder als Vorausaussetzung für eine kontinuierliche Weiterentwicklung

Was ist ein „Re-Startup",[1] und was muss eine Unternehmung eigentlich tun, damit sie Krisen übersteht und über Jahrzehnte oder gar Jahrhunderte erfolgreich ist? Das wird in diesem Buch am Beispiel eines Unternehmens, seiner Geschichte und der Entwicklung in den vergangenen acht Jahren beschrieben.

Der Start des Unternehmens gründete auf einer echten Innovationsidee und seiner Realisierung zum Kundenvorteil, wie auch der für seine Zeit sehr moderne Name verdeutlichte.

1932 gegründet, erschien 1934 die erste Ausgabe von *Wer liefert was?* – dem branchenübergreifenden deutschen Nachschlagewerk und Bezugsquellennachweis für den Einkauf. Es handelte sich um eine echte Innovation zum Kundenvorteil, wie auch der Name charakteristisch beschrieb. Achtzig Jahre später erhielt ich das Angebot, *Wer liefert was? als CEO* und als Mitgesellschafter, das heißt auch als Miteigentümer, zu übernehmen. Meine erste Frage lautete überrascht: Ach, die gibt's noch?

Der Verlag hatte es, welch ein Wunder, in all den Jahrzehnten geschafft, einschneidende historische Ereignisse sowie wirtschaftliche

---

[1] „Das Re-Start-up", Titel eines Artikels über „Wer liefert was?", brand eins, 07/2018, S. 94.

© Springer Fachmedien Wiesbaden GmbH, ein Teil von Springer Nature 2020
P. F. Schmid, *Mission Wandel*, https://doi.org/10.1007/978-3-658-32175-8_1

Auf- und Abschwünge solide zu meistern. Doch vor allem war es ab der Jahrtausendwende gelungen, beinahe allen sich bietenden betrieblichen Erneuerungen zu widerstehen, beziehungsweise wachstumsversprechenden Trends mit hanseatischer Zurückhaltung zu begegnen. *Wer liefert was?* wirkte im Jahr 2012 wie ein behäbiger Dinosaurier: Man schritt gediegen, aber gemächlich auf der eigenen Insel des Verlagskosmos' voran und schaute umher, um danach gelassen den Kopf zu senken und weiter zu schlummern.

Acht Jahre später hat *Wer liefert was* nicht nur das Fragezeichen aus dem Firmennamen gestrichen, sondern sich unter der Dachmarke *Visable* zu einer international agil operierenden mittelständischen Tech-Company gemausert. Visable hat auf dem Weg der digitalen Transformation die Mitarbeiterzahl mehr als verdreifacht, sich erfolgreich internationalisiert und kann mittlerweile zweistellige Wachstumsraten aufweisen. Klingt nach einem spielerisch einfachen Wandel. Doch in diesem Change-Prozess steckten bekannte, aber vor allem ungeahnt vielfältige Herausforderungen, eine Menge Fallstricke sowie Rückschläge, und es ergaben sich im Verlauf manch schmerzhafte Erfahrungen. Darüber hinaus verdeutlichte sich, dass der Weg der Veränderungen noch lange nicht zu Ende ist, und sich der Change-Prozess als dauerhafte Konstante etabliert.

Davon soll der folgende Text handeln. Aus meiner – zugegeben subjektiven – Sicht sowie den Stationen meines Berufswegs, die mir als Erfahrungsschatz und Fundament für die später folgende Aufgabe gedient haben. Zunächst aber einige grundsätzliche Bemerkungen aus der Unternehmensperspektive und zur Entwicklung des Mittelstands hinsichtlich des „Digital Change", der vor allem von den Silicon-Valley-Bewegungen vorangebracht wurde.

Wandel findet stets vor dem Hintergrund und im Rahmen einer bestimmten Wirtschaftsethik und -kultur sowie einer individuell ausgeprägten Unternehmenskultur innerhalb der betreffenden Branche, ihrem technologischen Stand und ihren Märkten statt, die zudem Zeitströmungen bedingen, fördern oder ihnen folgen. Hierzulande sind in der heutigen Zeit das Umfeld und die Märkte des klassischen Mittelstands starken Veränderungen unterworfen – und damit ist der Mittelstand aufgerufen, sich ebenfalls zu verändern und anzupassen, mehr denn je. Dies wird in den kommenden Jahren noch deutlicher werden und Krisen, wie beispielsweise die Corona Krise, werden diesen Prozess noch einmal stark beschleunigen.

Die Digitalisierung fordert. Neue Märkte, neue Handelsströme locken, über Jahrzehnte aufgebaute und gepflegte Absatzstrukturen werden hinterfragt und ab- oder aufgelöst. Die Folgen der Corona Krise und deren Einfluss auf Beschaffungs- und Absatzmärkte sind noch völlig unklar. Dennoch ist und bleibt das Internet der Turbobeschleuniger des Welthandels und wird sich zukünftig zu einem noch stärkeren Wachstumshebel für die Industrie entwickeln, als es ohnehin heute bereits der Fall ist. Die Digitalisierung verlangt nach Investitionen und nach einem generellen Umdenken über die bisherigen Konstanten Kunde, Konkurrenz und Geschäftsmodell. Und nicht zuletzt ist von Unternehmern ein Führungsstil gefragt, der kluge Köpfe anzieht, fördert und hält. Gleichzeitig geraten Axiome sozialer Marktwirtschaft in Bewegung – Wachstum und *Wohlstand für alle* erhalten durch die Vielfältigkeit an Freiheiten und Ansprüche an Sinnhaftigkeit von Arbeit neue Vorzeichen.

Die Tugend unternehmerischer Verantwortung ist im digitalen Kosmos von ungeheurer Bedeutung, wird allerdings mit den rapide voranschreitenden global-ökonomischen Verdichtungen an der Spitze sowie politischem Protektionismus gefährlich konterkariert. Selbst zwanzig Jahre nach der technisch-ökonomischen Revolution sind meiner Meinung nach auf europapolitischer Ebene die Zusammenhänge noch nicht endgültig verstanden und in überarbeitete Regelwerke eingebettet, mit der Folge, dass sich die globalen Top-Konzerne nicht an die eigentlich geltenden Spielregeln und Gesetze gebunden fühlen und diese meist rechtlich korrekt zu umgehen wissen. Auf diese Weise werden alle anderen Unternehmen benachteiligt, die sich an die Gesetze und an lokal gefärbte soziale Normen halten. Durch die Übervorteilung globaler Konzerne werden künftig Gespräche über faire Marktwirtschaft herausfordernd, da die potenziellen Wettbewerber schlicht verschlungen oder verdrängt werden. Es herrscht in jedem Fall kein sogenanntes „level playing field".

Die erste Generation der Milliarden-Companies aus dem Silicon Valley war noch so arrogant an ihre eigene Unbesiegbarkeit zu glauben und sah sich in jeder Hinsicht als Treiber von Innovation. Die zweite und dritte Generation, das heißt Google und Facebook, haben gelernt, ihre Finanzmittel zu nutzen, um sich gegen externe innovative Bedrohung durch neue Start-ups abzusichern. Deshalb werden inzwischen konsequent alle zukünftigen potenziellen Wettbewerber rechtzeitig aufgekauft. Dies geschieht häufig zu von außen betrachtet absurden Summen, wie die Facebook-Akquisition von WhatsApp im Februar 2014 für 19 Milliarden Dollar zeigte. Gesunder Wettbewerb ist so ausgeschaltet. Mittlerweile entfernt man sich zwar etwas von dem in den 2000er-Jahren stark forcierten Shareholder-Value-Prinzip, das die Tugend des klassischen Unternehmertums untergrub, auch sein soziales Umfeld zu gestalten. Die globalunternehmerische Logik heute ist dennoch eine andere: Viele achten aus rein ökonomischem Interesse auf ihre Mitarbeiter, aber nicht, weil sie an der breiten allgemeinen Teilhabe des Erfolgs interessiert sind, selbst wenn viele Silicon-Valley-Unternehmer das Gegenteil behaupten. Zunächst mit Milliardengewinnen Ressourcen auszubeuten und sich danach in einem großzügigen Akt der Freiwilligkeit um die entstandenen Konsequenzen im eigenen Umfeld oder die globalen Folgen zu kümmern, scheint mir maßlos. Überspitzt ausgedrückt: Ein lokaler Unternehmer, der Mitarbeitern und Mitbürgern jeden Sonntag vor der Kirche begegnete, fühlte sich verpflichtet, ein glaubwürdiges Vorbild zu sein und vor Ort Verantwortung für das Gemeinwohl zu übernehmen – ein weiteres normatives Axiom sozialer Marktwirtschaft.

Den Mittelstand hierzulande erwartet in den nächsten Jahren ein grundlegender Generationswechsel in der Führungsebene, einhergehend mit einer entsprechenden Änderung des Führungsstils. Übernehmen Manager die Führung oder die Erbengeneration? Folgt auf den Fachkräftemangel der Unternehmermangel? Bleibt der Mittelstand vornehmlich eigentümergeführt, was bestimmte Eigenschaften wie hohes Verantwortungsbewusstsein, Nachhaltigkeit und Zusammenhalt der Organisation meist mit sich bringt? In einer Reihe von Unternehmen ist der Generationswechsel bereits vollzogen und mit einer Mischung aus firmeneigener Vernunft und modernem Know-how wird erfolgreich gearbeitet. Aber dem Großteil des deutschen Mittelstands steht der Führungswechsel noch bevor.

Wandel und Weiterentwicklung. Und wozu? Change-Prozesse sind intensiv. Die Frage nach dem Grund und nach dem Ziel der Reise stellt sich gerade auf dem Weg von einem Old-School-Unternehmen zu einer Internet-Company ununterbrochen.

Mit meinem Erfahrungsbericht in „Mission Wandel" möchte ich Anstoß geben und motivieren, trotz unübersehbar vieler Aufgaben, Herausforderungen, Ablenkungsmanövern und Absurditäten, diese wichtigen Veränderungen weiter und konsequent anzugehen.

In den folgenden Kapiteln wird häufig „ich" und „mein" sowie von einer Reihe individueller und darum auch individuell bewerteter Erfahrungen zu lesen sein. Natürlich soll damit nicht der Eindruck erweckt werden, dass ich den einzig wahren Weg kenne und beschritten habe. Ich habe mich jedoch für die Form eines persönlichen Erfahrungsberichts entschieden, weil ich nur für mich sprechen kann. Selbstverständlich aber sind an solchen Prozessen stets viele Menschen mit ihren jeweils eigenen beruflichen Leistungen, ihren Lebenswegen und Sichtweisen auf die betreffende Angelegenheit beteiligt.[2] Ich möchte niemand in den Hintergrund rücken, sondern habe diese Form gewählt, um möglichst nachvollziehbar und authentisch zu berichten.

Meine Schilderungen aus persönlicher Sicht sollen ermutigen, selbst quälend lange Phasen scheinbarer Stagnation, statisch-träge Perioden der Organisationsreformationen sowie echte Rückschläge zu bestehen, die Dinge dennoch aufzubrechen und – neben viel Geduld – durchaus auch den Humor und die Freude an den täglichen Herausforderungen nicht aus den Augen zu verlieren. Und allen, die vergleichbare Change-Prozesse initiieren, moderieren oder durchlaufen, möchte ich vermitteln, das eigentliche Vorhaben stets im Blick zu behalten: Das Unternehmen zukunftsfähig und langfristig erfolgreich zu machen.

---

[2] Die im Folgenden unkonkret verwendeten männlichen Personen- oder Berufsbezeichnungen sind generisch verallgemeinert. Selbstverständlich ist immer auch die feminine Wortform, bzw. diverse Bedeutung, gemeint.

2

Lessons learned – persönliche Prägungen, Erfahrungen und völlig neue Welten

Komplexe Veränderungsprozesse in Unternehmen setzen klares, strukturiertes, authentisches und nachhaltiges Vorgehen voraus, und erfordern, sowohl strategisch als auch operativ jede Erfahrung anzuwenden. Das folgende Kapitel widmet sich exemplarisch zentralen und wichtigen Erfahrungen, die mir bei unternehmerischen Veränderungsprozessen in meiner beruflichen Laufbahn stets geholfen haben.

Rund um den See: lauter Weltmarktführer – die Jugend

Gibt es ein Unternehmer-Gen? Ich bezweifele das, aber mein Interesse am Unternehmerischen wurde früh geweckt und geprägt. Ich bin in Bad Saulgau aufgewachsen, in der Nähe des Bodensees. Diese Gegend besaß trotz ländlicher Umgebung eine spezielle Struktur, die nur in wenigen Ecken Deutschlands zu finden war. Denn die vielen Kleinstädte hatten eines gemeinsam: Jede rühmte sich, mindestens eine Firma vor Ort zu haben, die in irgendeinem Bereich Weltmarktführer war. Es handelte sich

© Springer Fachmedien Wiesbaden GmbH, ein Teil von Springer Nature 2020
P. F. Schmid, *Mission Wandel*, https://doi.org/10.1007/978-3-658-32175-8_2

nahezu ausschließlich um Familienunternehmen und die meisten widmeten sich der Ingenieurskunst. Auch meine Familie gehörte dazu, mein Ururgroßvater Karl Platz hatte ein solches Unternehmen gegründet und mein Großvater Franz Schmid, der 92 Jahre alt geworden ist, arbeitete bis zuletzt in seinem eigenen Unternehmen und ging auch im hohen Alter ganz selbstverständlich mindestens einmal am Tag ins Büro. Als Kinder spielten wir ganz natürlich auf dem Werksgelände. Arbeit und Familie waren eins. Am gemeinsamen Mittagstisch berichtete mein Vater von den Herausforderungen und insbesondere Problemen mit aber auch von Mitarbeitern, meine Mutter ging oft am Wochenende ins Büro, längere Urlaube waren bei uns eigentlich nie möglich – ich kannte es nicht anders und diese Einstellung hat sich mir gewissermaßen bis heute erhalten.

Als Jugendlicher arbeitete ich selbstverständlich im Betrieb mit und besserte mein Taschengeld auf, indem ich Akten vernichtete oder in der Buchhaltung aushalf. Nach der Schule besuchte ich jeden Tag eine halbe Stunde meinen Großvater im Büro, und er erzählte mir vor dem Mittagessen vom Unternehmertum, den 1920er-Jahren, der Weltwirtschaftskrise, wie er alles verloren hatte und danach wieder bei null anfing. Wenn die New Economy nicht Jahrzehnte später Ähnliches erlebt hätte, würde man diesen Teil der Geschichte heute wohl ganz hinten im Bücherregal einordnen. Da es sich um die persönlichen Erlebnisse meines Großvaters handelte, beeinflussten mich die Erzählungen mehr, als mir zunächst bewusst war. Unternehmerisches Selbstverständnis, das Erfassen von Einsatz und Märkten, das Etablieren von Wachstum und Risikobereitschaft – all das prägte sich mir stark ein.

Ladenhüter Pink – Studium und erstes Unternehmertum

Nach der Schulzeit bin ich der Provinz sofort entflohen, es zog mich zum Studieren nach München – Betriebswirtschaft und Statistik an der Ludwig-Maximilians-Universität (LMU). Aber ich hörte ebenso Geschichtsvorlesungen, denn Geschichte hätte ich eigentlich auch gern studiert. Parallel absolvierte ich Praktika, unter anderem bei Mercedes und VTC Industriebeteiligungen, doch um gut zu leben und unternehmerisch tätig zu sein, betrieb ich gemeinsam mit einem Freund zwei kleine Unternehmungen. Zum einen etablierten wir einen Service, der sich um die Gästebetreuung beim „Deutschen Sportfernsehen" kümmerte – ein damals junger Fernsehsender. Zum anderen, und das finanzierte mir mein halbes Studium, nahmen wir eine Idee von den US-amerikanischen Colleges auf und erwarben von der LMU die Lizenz zum Abdruck des Universitätswappens und -siegels auf Textilien. Also ließen wir T-Shirts in allerlei Farben und Größen bedrucken. Wir gingen zu der Zeit ein für Studenten immenses finanzielles Risiko ein, und ich lebte in meiner achtzehn Quadratmeter großen Studentenbude mit 5.000 T-Shirts. Unser Einsatz wurde belohnt. Allerdings besitze ich noch heute einen Karton mit pinkfarbenen Exemplaren aus der ersten Serie. Diese Farbe ging einfach nicht, ich kann mich aber bis heute nicht von den Shirts trennen.

Weil es mich interessierte, machte ich neben dem Statistik-Studium zusätzlich ein paar Scheine in Psychologie. Es war lehrreich, auch wissenschaftlich zu verfolgen, wie der Mensch so tickt. Das Studium in München und das hochkarätige Angebot der Ludwig-Maximilians-Universität[1] in vielen Fachbereichen verschaffte mir eine wissenschaftliche Grundlage und bereicherte mich, sodass ich mich noch heute mit der Hochschule verbunden fühle. Ich beendete mein Studium als Diplomkaufmann und bereitete Anfang 1997 erste Promotionsideen vor, bewarb mich aber darüber hinaus parallel bei internationalen Unternehmen. Als mich Procter&Gamble in Frankfurt einstellen wollte, zögerte ich nicht lange.

Global Work Experience: Procter & Gamble

Bei Procter&Gamble (P&G) begann ich 1997 als Assistant Brandmanager für die Marke *Wick*. Ein Superstart in *Global Thinking in Working* und *Global Work Experience*. In den 1990er-Jahren war P&G *der* Weltkonzern – einer der wenigen Global Player, denn so viele gab es damals

---

[1] World University Rankings 2019: Die Ludwig-Maximilians-Universität München ist laut der World University Rankings 2019 von Times Higher Education erneut die beste Hochschule in Deutschland. Sie rückte dank besserer Bewertungen in Forschung und Lehre zwei Plätze vor auf Rang 32. https://www.timeshighereducation.com/world-university-rankings/2019/world-ranking#. Zugegriffen 20.09.20.

noch nicht. Beim weltweiten Vorreiter für Markenmanagement trug ich vom ersten Tag an sehr viel Verantwortung und war vor allem aufgefordert, groß zu denken. Ich traf auf eine Menge Leute mit internationaler Qualifikation, reiste gleich in den Libanon, wo P&G aktiv war und Werbefilme produzieren ließ, und ich begriff: Das ist das erste Unternehmen, das wirklich global denkt. Nicht nur ein Unternehmen, das Produkte herstellt, die beispielsweise von Asien, über Nordafrika bis in die USA vermarktet werden. Sondern ein Unternehmen, das Menschen beschäftigt, die ausschließlich global denken und dementsprechend handeln. Vor dem Internetzeitalter war das mehr als außergewöhnlich und gleichzeitig wegweisend. Heutzutage Global Thinking zu betonen, klingt fast schon lächerlich altmodisch. Aber P&G war damals wahrscheinlich der einzige Konzern, dessen Management sowohl global dachte als auch bereits international eng vernetzt war – und zwar noch ohne breite Internettechnologie. Wir Manager hatten noch keinen Internetzugang, allerdings wurde „schon" per E-Mail kommuniziert, und es gab eine interne Marktforschungsdatenbank, auf die von überall zugegriffen werden konnte, sodass ich zum Beispiel jederzeit checken konnte, wie es um die Erfolgsfaktoren für den Verkauf von Hustensaft in Mexiko stand. Das war für damalige Verhältnisse enorm. Und viele Unternehmen sind selbst heute, wo alle über Big Data sprechen, nicht derart gut aufgestellt wie P&G in den 1990ern.

Structured Working

Vernetztes Denken erfordert auch, schnell die Fähigkeit zu strukturiertem Arbeiten zu entwickeln. Für mich war das in der Form, wie es P&G voraussetzte, vollkommen neu. Ich schrieb beispielsweise ein Dokument und bekam es mitunter zwölfmal mit Korrekturen und Anmerkungen zurück. Zu der Zeit investierten Führungskräfte persönlich in die Mitarbeiter und wollten ihnen etwas beibringen, selbst wenn es sie weniger Zeit und Aufwand gekostet hätte, die Angelegenheit selbst zu erledigen. Die Denkart lautete: Ich mache es nicht selber, sondern ich zeige dir, wie es geht. So lernt man arbeiten.

In einem Unternehmen wie P&G, das immer wieder neue Wege im Marketing beschritten hat, lernte ich die Bedeutung von *Marketing by Heart* kennen. Und ebenfalls sehr rasch, wie wichtig es ist, gutes Business-Englisch zu beherrschen. Denn ich war in einem Unternehmen angetreten, in dem auch der interne Wettbewerb global war, aber ich hatte keine Ahnung, wie man Dinge international allgemein verständlich darstellt, begründet und auf Englisch argumentiert. Kolleginnen und Kollegen, die aus dem anglo-amerikanischen Umfeld stammten und Business Schools besucht hatten, waren da ganz anders vorbereitet. Die deutsche Art, Sachverhalte zu präsentieren und zu überzeugen, wich stark davon ab. Ich musste mich in kürzester Zeit komplett umstellen.

Dazu gehörte auch das *One Page Memo*, für das die Kommunikationskultur von P&G damals berühmt war. Dahinter steckt der Gedanke, jedes noch so komplexe Thema auf maximal einer Seite formulieren zu können und sogar zu müssen, egal, wie groß die Aufgabe war – die Produktion einer neuen Tütenverpackung oder den Kauf eines Konkurrenzunternehmens für mehrere Milliarden. Das Dokument hatte einen klaren Aufbau: Thema, Begründung und Daten hatten ihren festen Platz. Und dieser *One Pager* ging zwischen dem Ausarbeitenden und seinen Vorgesetzten zigmal hin und her, bis alles perfekt passte. Einmal fertiggestellt besaß der One Pager auf Entscheiderebene den Vorteil, zu jedem erdenklichen Thema nur eine Seite lesen zu müssen. Dies zwang, die Dinge exakt auf den Punkt zu bringen. Denn gefragt war keine Eloquenz, keine Prosa, sondern faktenbasiertes strukturiertes Denken und Aufbereiten.

Objective and rational

Bei P&G existierte damals eine ziemlich strenge Philosophie. Der allgegenwärtige Spruch lautete: *Opinions don't count. How many times have you acted based sorrowly on good instinct because of no information, no data, no backup?* Gefragt war also, stets datenfundiert und auf Grundlage von messbaren Ergebnissen zu agieren. P&G war deshalb bereits vor Jahrzehnten eine Big-Data-Firma, eine data driven Company – und das in einer Non-Tech-Welt. *Objective and rational* ist ein Begriff aus dem unternehmensstrategischen Kosmos der 1990er-Jahre, den P&G damals perfektioniert hatte, und der den Konzern auch in den Folgezeiten aus Schwächephasen herausholte.

Opinions don't count

Objective and rational galt auch als Maxime, wenn es um den persönlichen Erfolg im Konzern ging. Jedes Quartal wurden alle Mitarbeiter beurteilt und abhängig von ihrer Gesamtleistung in eine Rangfolge gebracht und somit kalibriert. Darum mussten sich alle Mitarbeiter jederzeit für ihre Ideen stark machen, weil der interne Wettbewerb groß war. Verständlicherweise bei einer Vertriebsorganisation, in der beispielsweise achtzig Leute – mich eingeschlossen – ihr Produkt in einer bestimmten Supermarktkette bestens platziert sehen wollten. Da war mein Shampoo von „Pantene Pro V", die Dose „Pringles" eines Kollegen und die die „Always Ultra" eines Dritten. Jeder wollte, dass die Vertriebsmannschaft das eigene Produkt bevorzugte und darum herrschte intern eine harte Konkurrenz. Doch was nach unguten Revierkämpfen klingt, war im Grunde nichts anderes, als sich für die eigene Sache und Idee immer wieder neu zu engagieren. Nach und nach zu überzeugen, zu begeistern und Unterstützer zu finden. Das vermisse ich heute manchmal. Denn ich erlebe im beruflichen Umfeld häufig, dass zu früh aufgegeben wird, Widerstände eher als demotivierend wahrgenommen werden und nicht als sportlich zu betrachtende Herausforderung, die es zu überwinden gilt.

Neuland auf bekanntem Untergrund und die erste große Tech-Krise überstehen: AutoScout24

Zum Team von Master Car[AutoScout24] stieß ich Anfang 1999, ungefähr ein halbes Jahr nach der Gründung des Start-ups von drei ehemaligen McKinsey-Unternehmensberatern. Christian, einer von ihnen, war Jahre zuvor ebenfalls Manager bei P&G gewesen und suchte nun jemand für die Marketing-Führung mit entsprechendem beruflichem Hintergrund, aber mir war von Anfang an klar: Gebrauchtwagenhandel im Internet möchte ich als Unternehmer gestalten – voller Einsatz, volle Verantwortung, volles unternehmerisches Risiko. Zumal ich den Automarkt kannte. Mein Großvater hatte 1923 sein erstes Autohaus gegründet, mein Vater hatte mehrere eigene Standorte der Marke Opel als Unternehmer geleitet, und ich hatte ihm dabei geholfen, einen Betrieb zu sanieren, einen zu kaufen und einen zu verkaufen. Mir war die Branche also wohlbekannt, allerdings war ich mir auch bewusst, wie konservativ und statisch sie war.

Die Gründer von Mastercar (ab Mitte 1999 AutoScout24) hatten bereits viel Mut bewiesen, denn unter welchen Bedingungen selbst mit einer guten Idee im Internet langfristig Geld zu verdienen war, schien damals ungewiss bis abenteuerlich. Und zu dieser Zeit eine Finanzierung für Internet-Projekte zu erhalten, war schwierig.

Um meinen Anteilskauf an AutoScout24 zu bestreiten, wollte ich einen Kredit aufnehmen und sprach der Reihe nach mit sechs verschiedenen Banken. Alle lehnten ab, da ich keine Sicherheiten zu bieten hatte. Die Argumentation lautete, es handele sich schließlich um eine Internet-Firma und die sei per se ja nichts wert. Im Jahr 1999 investierten noch die allerwenigsten Venture-Capital-Unternehmen ins Internet-Business.[2] Zwar änderte sich das in den Folgejahren rasch, doch die Internetbranche galt noch lange als echtes Wagnis. Allein dank der Intervention von Otto Beisheim, damals Hauptinvestors, bin ich dann doch noch an einen Kredit gekommen, sodass ich als Anteilseigner bei AutoScout24 einsteigen konnte.

Wirtschaftswunder, die Zweite.

Aber nicht nur den Banken, auch der ersten Generation der deutschen Start-ups fehlte damals noch das Spielerische, das heute gang und gäbe zu sein scheint. Der Gründerethos war in der Regel noch von traditionellen

---

[2] Andrea Goder, 07.07.2000: „Angaben des BVK" zufolge waren 1999 in Deutschland erst zwölf Prozent aller Investments „Internet-related". Quelle: https://www.computerwoche.de/a/nach-dem-hype-vcs-bangen-um-ihre-geldmaschine,1076174. Zugegriffen 20.09.20.

Maßstäben wie zu Zeiten des Wirtschaftswunders geprägt. So sind damals auch einige Unternehmen (Gründungsdatum) wie z. B. GMX (1997, gehört heute der United Internet AG), Zooplus (1999), ImmobilienScout24 (1998) oder Google (1998) gegründet worden, die derart nachhaltig und solide aufgebaut wurden, dass sie noch heute – um ein Vielfaches an Wert gestiegen – am Markt bestehen.

Booom!

Trotz aller Hindernisse war diese Phase des Business‘ und auch für mich von einer unglaublichen Aufbruchsstimmung geprägt. Auch wenn die meisten Gründer (und das galt auch für AutoScout24) nicht über wahnsinnige Mengen Kapital verfügten, wie das mittlerweile häufig der Fall ist. Das hieß, wir mussten mit dem Vorhandenen sparsam umgehen. Eine adäquate technische Ausstattung war im Vergleich zu heute überproportional kostspielig. Darum gaben auch wir uns der Start-up-Kultur hin und verlegten am Wochenende selbst Kabel und strichen die Wände des ehemaligen Textillagers, in dem sich unser Büro befand. Dieses bestand zunächst aus einem einzigen großen Raum, Bürostühle waren Mangelware, sodass man zusehen musste, früh im Büro zu erscheinen, um einen Stuhl zu ergattern. Das Ganze war allerdings nicht cool wie die Start-ups in Berliner Hinterhöfen, denn wir residierten mehr als karg in einem heruntergekommenen Industriegebiet hinter dem Münchener Ostbahnhof.

Die Aufbruchsstimmung und erste Internet-Euphorie des Neuen Markts, dem 1997 von der deutschen Börse neu geschaffenen Aktienmarkt für junge Unternehmen, endete allerdings jäh, als Ende 2000 die Dotcom-Bubble platzte. Plötzlich schien alles vorbei zu sein. Ein Großteil der Start-ups ging innerhalb kürzester Zeit insolvent, Finanzierungen waren nicht mehr zu erhalten, fast alle Verlage zogen sich aus Internetengagements zurück, die meisten Internet-Unternehmer verloren ihre Firmen, gingen in ihre alten Jobs zurück und man erntete nur noch bedauernde Blicke, wenn man erzählte, dass man eine Internetfirma leitet. Nach dem Motto: Internet, das ist doch dieses Teufelszeug, und das wird auch wieder verschwinden. Doch AutoScout24 überwand alle Tiefschläge, bestand alle Herausforderungen. Wir waren gezwungen umgehend profitabel zu agieren, Kosteneinsparungsprogramme wurden innerhalb von Tagen umgesetzt, Expansionspläne auf Eis gelegt, internationale Büros geschlossen, der Fokus wurde auf das Kerngeschäft gelegt, denn es wurde dennoch an die eigene Idee, an die Entwicklung des Internets geglaubt, und es funktionierte. Im Jahr 2003 arbeiteten wir profitabel, hatten über dreihundert Mitarbeiter und waren in acht Ländern aktiv. Die erste große Krise war nicht nur eine erste Prüfung, sondern eine große Chance. Heutige Internetgiganten wie zum Beispiel Facebook entstanden erst danach (2004), und die Krise hatte sich im Nachhinein sogar als Beschleuniger des Internetzeitalters erwiesen.

Aber warum entwickelten nicht die Autoindustrie oder die Verlage, denen das Anzeigengeschäft bis dahin sozusagen gehörte, den Markt? Geld und Zugang zum Kunden waren schließlich vorhanden.

Hinsichtlich der Verlage ist verallgemeinert zu sagen: Es ging ihnen noch zu gut und man sah wenig Anlass, sich gegenseitig zu kannibalisieren. Und das mit günstigen oder gar kostenlosen Onlineangeboten, die das noch bestehende hochlukrative Anzeigengeschäft bedrohen sollten. Als beispielsweise Gruner + Jahr bei unserer Übernahme von Faircar die Gelegenheit erhielt, die Beteiligung an dieser Plattform gegen Anteile an AutoScout24 einzutauschen, strich man lieber das Geld ein und verabschiedete sich aus dem Online-Autogeschäft. Die DEKRA hingegen, damals Mitgesellschafter bei Faircar, tauschte die Anteile und erhielt Jahre später beim Verkauf von AutoScout24 an die Deutsche Telekom einen goldenen Return.

Die Automobilindustrie behandelte das Geschäft mit Gebrauchtwagen von jeher stiefkindlich. Und keiner der damaligen Automobilmanager glaubte offenbar tatsächlich daran, dass einmal der Entscheidungsprozess für Fahrzeugkauf maßgeblich online stattfinden würde. Darüber hinaus stand das aufwändig aufgebaute Vertriebsmodell der „eigenen" Vertragshändler nicht zur Disposition. Zudem wollte man die eigenen Fahrzeuge nicht mit Privatangeboten auf einer Ebene, beziehungsweise auf einer Onlineseite, finden. Plattformen wie AutoScout24 oder mobile. de hätten die Autohersteller damals aus der sprichwörtlichen Portokasse bezahlen können – heute allerdings bemühen sie sich mit eigenen Plattformen bisher vergeblich, das einst aufgegebene Terrain wiederzuerobern und den Onlinezugang zum Kunden zu bekommen.

Erfolgsfaktor Glück

Haupteigentümer von Scout24 (der Muttergesellschaft von Auto-Scout24) war die Beisheim Holding, die Vermögensverwaltung des Metro Gründers Otto Beisheim. Nachdem das Platzen der Internet-Bubble erfolgreich überstanden war, trennte sich der damals 80-jährige Haupteigentümer von Scout24 sowie allen Tochtergesellschaften und verkaufte sämtlich an die Deutsche Telekom. Für mich als Macher und Unternehmer war das eine bedauerliche Entscheidung, denn unser Unternehmen lief gut, und ich wollte nicht langfristig als Angestellter im Management der Telekom arbeiten. Bereits bei den ersten Besprechungen in 2004 wurde schnell klar, dass sich die Telekom mit dem neu erworbenen Start-up zwar gern verjüngen und anders werden wollte, aus ihren alten, überkommenen, starren Strukturen aber nicht ausbrechen konnte. Allein das der Telekom wichtige Anliegen, die unternehmenseigene Dienstwagen-Policy mit hoher Priorität als erstes auf AutoScout24 zu übertragen, signalisierte wie der neue Hauptgesellschafter tickte. Auf diese Weise war es unmöglich, Unternehmer zu halten, geschweige denn zu motivieren oder gemeinsam etwas Großes aufzubauen. Und so schied ich Ende 2005 als Geschäftsführer und Gesellschafter von AutoScout24 aus. Doch aus Sicht von Otto Beisheim war die Veräußerung des Gesamtunternehmens nachvollziehbar. Die Minderheitsgesellschafter verfolgten leider nicht immer die gleichen Interessen wie der 80-Jährige, der gerade den Potsdamer Platz in Berlin bebauen ließ. Knapp zehn Jahre später übernahm schließlich das Private-Equity-Unternehmen Hellman & Friedman (H&F) 70 % der Scout24 Anteile für 1,5 Milliarden Euro. Bei diesem Kauf wurde ich als Berater hinzugezogen, und es war sehr interessant zu sehen und zu verstehen, was in den acht Jahren seit meinem Ausscheiden bei AutoScout24 geschehen war, oder eben auch nicht. Im darauffolgenden Jahr 2015 brachte H&F Scout24 erfolgreich an die Börse. Und zu guter Letzt übernahm im Dezember 2019 ein Konsortium – unter Leitung von H&F – AutoScout24 für knapp 3 Milliarden Euro von Scout24.

Aus der Anfangszeit von AutoScout24 mitgenommen habe ich, wie mühevoll und gleichzeitig aufregend es ist, fast bei null anzufangen. Wir gewannen zunächst sehr wenige Kunden, wir hatten nur eine bestechende Idee und talentierte Menschen, die mit uns arbeiteten. Niemand wich Anstrengungen aus und alle opferten die Wochenenden, aber das genügte anfangs nicht. Letztlich lernte ich, dass man sogar mit einer brillanten Lösung zu früh dran sein kann. Und eine weitere Lehre lautet: Neben einer guten Geschäftsidee braucht man Fleiß, Einsatz und auch eine gute Portion Glück. Natürlich kann man versuchen, Chancen zu schaffen und dem Glück auf die Sprünge zu helfen. Das heißt aber nicht, dass es sich dann auch zwangsläufig einstellt. Jeder erfolgreiche Unternehmer wird mindestens einen Moment nennen können, in dem er schlicht Dusel hatte, auch wenn oft die Rede davon ist, sich den Erfolg schwer erarbeitet zu haben. Vieles hängt vom richtigen Zeitpunkt ab und vom richtigen Mischungsverhältnis der Geldgeber. Denn unabhängig vom Vorhaben: Die Gesellschafter müssen zum Vorhaben passen – nicht umgekehrt. Wenn beispielsweise Investoren, egal wie kapitalpotent, den Grundgedanken der Unternehmung oder den Markt nicht verstehen und bloß reflexartig ihre altbekannten Methoden und Entscheidungsmuster anwenden, drohen oftmals allen Beteiligten bittere Erfahrungen.

Fremde neue Ökonomie

Zur Jahrtausendwende gab es eine Reihe von CEOs deutscher Großkonzerne, die sich für Vorreiter hielten, aber in Wirklichkeit keine Ahnung hatten, wie Tech-Unternehmen zu führen waren. Top-Manager, die von der Bewegung im Silicon Valley komplett befremdet waren und denen es enorme Mühe bereitete, die eigene Denkrichtung zu ändern. Stellt man sich die Frage, warum Unternehmen wie Google eigentlich nicht in Deutschland entstanden, dann lautet eine Antwort: Hierzulande herrschte damals der Eindruck vor, mit dem Internet werde lediglich eine gigantische Menge Geld verbrannt. Für die neue Ökonomie bestand kaum konsequentes Verständnis und aus den sich bietenden Möglichkeiten und aus den Anfagngs- schwierigkeiten wurden die falschen Schlüsse gezogen.

In den ersten Verhandlungen mit Vertretern der Old Economy wurde sofort offensichtlich, dass man uns für Underdogs hielt und einer Plattform wie AutoScout24 nichts zutraute. Aus heutiger Sicht ein gigantischer

Fehler (wie die beschriebene Entwicklung von Scout24 beispielhaft zeigt). Aber damals wollte man den Geschäftsausbau, die Veränderung, den strategischen Change einfach nicht. Doch gerade das übte auf unser Team einen unwiderstehlichen Reiz aus. Eine wichtige Motivation, die mich durch alle Zeiten begleitet hat, war das Bewusstsein, etwas wirklich Neues, etwas noch nie zuvor Dagewesenes zu gestalten und dies auch bei externem Gegenwind durchzusetzen. Denn diese gestalterische Kraft ist jedem äußeren Widerstand überlegen.

Von meinem Ururgroßvater stammt ein in Stein gemeißeltes Zitat – für unser modernes Verständnis eventuell etwas Furcht einflößend, die Worte entsprachen dem Pathos der Gründerzeit des 19. Jahrhunderts –, das für mich den Kern trifft. Darum hängt es auch heute noch als Foto an meinem Whiteboard im Büro:

> Wo sich Kraft will offenbaren,
> wird sie Widerstand erfahren.
> Ist sie klein, so wird sie erliegen.
> Ist sie groß, so wird sie siegen.

Selbstständig

Heute müssen Gründer vor allem schnell sein und in immer größeren Dimensionen denken, weil die Skalierbarkeit und die internetbedingte Fähigkeit, in fünfzig Ländern gleichzeitig aktiv zu sein, genau das fordern. Die Spielräume sind derart eng besetzt, dass ein gründender Unternehmer sehr kreativ sein muss, um einen unbesetzten Platz für sich zu entdecken oder zu schaffen. Vor allem aber sind auch heute noch Persönlichkeiten gefragt, die sich für nichts zu schade sind. Es sollte selbstverständlich sein, sämtliche anfallenden Tätigkeiten alleine und selbst erledigen zu können – vom Telefonat mit einem Zulieferer, über die Formulierung einer Pressemitteilung bis zur Vertragsdurchsicht. Schließlich muss man sich gerade als Jungunternehmer in jedem Bereich auskennen, weil einem in der Regel zunächst die Mittel für die ausreichende Anzahl an Angestellten fehlen. Diesen Spirit vorzuleben, ist Aufgabe der Geschäftsführung. Mitarbeiter aus angesehenen Großunternehmen scheitern jedoch häufig in Situationen, die Bodenständigkeit bedürfen, weil sie nicht mit der nötigen, praktischen Handlungsorientierung und der pragmatischen Hands-on-Mentalität ausgestattet sind.

Globales Management im Internetzeitalter: eBay/mobile.de

Meine Entscheidung, als CEO von mobile.de und Vice President der Classified-Gruppe des eBay-Konzerns einzusteigen, die weltweit Unternehmen kaufte und weiterentwickelte, bedeutete für mich nach der langen Unabhängigkeit, die ein Start-up wie AutoScout24 mir sechs Jahre lang bot, erneut grundlegend umzudenken. 2005 war der Online-Marktplatz zwar nicht mehr der Rising Star, aber immer noch eines der US-amerikanischen Flaggschiffe der First Generation Internet-Economy. Ein Global Player mit einer Mischung aus alter und neuer Vorstellungswelt. CEO war damals Meg Whitman, und das Team bestand aus sehr erfahrenen Managern. Ich lernte erstmals die Silicon-Valley-Welt kennen und die neue US-amerikanische Art, ein Unternehmen zu führen: Globale Matrixorganisationen, weltweite Qualitätsstandards, wichtige Entscheidungen zentralisiert in San Jose, Büro- und Einrichtungsstandards nach neuesten und besten Silicon-Valley-Erkenntnissen, globale Meetings und trotz aller Unterschiede die Verbreitung eines einheitlichen, internationalen Spirits. Den erreichte man durch ein gemeinsames Werteverständnis, vereinheitliche Prozesse und Personalstandards beim Recruiting und in der Führung, die Gehaltskopplung an ein Bonussystem, das auf die Wertentwicklung des Konzerns gebunden war, und der gemeinschaftlichen Grundüberzeugung, die wie folgt lautete:

„eBay's employees and users feel like they are part of a big family. That is what is so great about eBay – they are literally changing the face of commerce every day. Do they have it down to a science? Of course not; however, they are learning as they go. Succeeding together and challenging each other to constantly refine and improve their way of working is part of the culture. eBay's employees are the reason they have succeeded and grown. They are also the reason eBay will succeed tomorrow. As they continue to grow, they will continue to focus on

retaining the fun and the community feeling that makes eBay so unique. The organization's nonhierarchical, democratic, community-focused culture is the pinochle of its success, both as a small company and as a worldwide billion-dollar corporation. "[3]

Das alles gepaart mit einer enormen Finanzkraft, die es ermöglichte, überall auf der Erde die lokalen Champions aufzukaufen und es – nicht ohne eine gewisse Überheblichkeit – auch zu tun. Der US-amerikanische Internet-Kolonialismus – dank des Könnens und Know-hows erfahrener ehemaliger Manager von General Electric, P&G, McKinsey, Bain und Boston Consulting Group. eBay war in der Lage, für die Aufgaben die international besten Köpfe zusammenzubringen. Eine perfekte Kombination aus Silicon-Valley-Denke, Old-Economy-Erfahrung und hochprofessionalisiertem Arbeiten auf Augenhöhe.

Monkey Business

Wie trieb man damals ein Unternehmen wie eBay voran? Mit einer CEO wie Meg Whitman. Einer Selfmade-Milliardärin, die ungeheuer ehrgeizig war und dabei authentisch. Ein Satz von ihr ist mir in bleibender Erinnerung geblieben, auch weil sie ihn dauernd wiederholte: *A monkey can drive this train, a monkey can drive this business.* Sie wollte damit sagen: „Ich kann nicht beurteilen, ob ihr gute Manager seid, weil ihr für dreißig oder achtzig Prozent Wachstum sorgt. Kann sein, wenn ich richtig gute Leute an Bord hätte, würden wir um dreihundert Prozent wachsen". In extrem wachsenden Märkten ist eine Beurteilung eben schwierig. Doch man durfte auch zu der Zeit niemals vergessen, dass Wettbewerber immer überraschen können. Als Dickschiff hat eBay in vielen Bereichen viel zu spät reagiert, sich selbst überschätzt und die Dynamik unterschätzt. Zweimal wurde der Kauf von Google abgelehnt, obwohl eBay sozusagen der natürliche Käufer gewesen wäre, aber Meg Whitman meinte damals: „There can be only one company with a colored logo in the Silicon

---

[3] Colleen Nestruck, Sarah Foster, Melissa Hawkins, and Brooke Thomas: „Meg Whitman at eBay Inc.", McDaniel College, mhawkinsmcdanielhrd.files.wordpress.com. Zugegriffen 20.09.20.

Valley". Und sie befand: „Search is commodity". Das heißt, ihrer Ansicht nach waren Suchmaschinen ein austauschbares Allerweltsprodukt – was für ein Irrtum, wie man heute weiß.

Die Next Generation der New Economy hat diese Art Arroganz der ersten Generation abgelegt. Man hatte erkannt: Es gibt so viele gute Ideen und intelligente Leute, man muss täglich auf der Hut sein, um möglichst frühzeitig alle relevanten Ideen und Unternehmungen zu erkennen und gegebenenfalls aufzukaufen. Zwar wurden auch strategisch bedeutende Zukäufe getätigt, die sich als Glücksfall erwiesen. So beispielsweise der Erwerb von PayPal für eine Milliarde Dollar – damals ein verrückter Preis, heute geradezu unglaublich wenig, wenn man den nun aktuell sogar an der Börse mit über 200 Milliarden Dollar gelisteten, globalen Payment-Marktführer betrachtet. Dennoch entschied sich eBay damals trotz seiner Finanzstärke strategisch falsch und handelte erst, als das eigentliche Kerngeschäft schon stockte. Eine Erkenntnis aus dieser Zeit lautet: Egal, wie klein der Konkurrent scheint, man sollte niemanden unterschätzen. Denn *smart people drive business*. eBay konnte für einen gewissen Zeitraum die besten Manager der Ära verpflichten, jedoch nicht halten. Als die Karawane weiterzog, schnappten sich Google, Facebook & Co. zahlreiche der guten Leute, und der Rest ist Geschichte.

Während der eBay-Zeit boten sich immer wieder spannende Herausforderungen, denn zu der Zeit entstanden Unternehmen wie zum Beispiel StudiVZ. Als ich von den Gründern als CEO angeworben wurde und meine Kündigung bei eBay bereits eingereicht hatte, lernte ich eine weitere wichtige Lektion in Sachen Führung von John Donahoe (damals CEO von eBay, heute CEO von Nike): Wie überzeuge ich einen Mitarbeiter, der eigentlich schon weg ist und die Kündigung auf den Tisch gelegt hat, doch zu bleiben? Er erklärte mir, welch schwierige Entscheidungen er in seinem Leben schon treffen musste, und er vermittelte mir das Gefühl, mich und meine Entscheidungssituation voll und ganz nachvollziehen zu können, um gemeinsam mit mir den richtigen finalen Entschluss zu treffen. Nach dem einstündigen Gespräch entschied ich, bei eBay zu bleiben. Doch eineinhalb Jahre später eröffnete sich mir eine neue unternehmerische Chance, die zu verlockend war.

Fehlendes Wachstum und hausgemachte Konkurrenz: Parship

Eine Gesellschaft, die, insbesondere in den Großstädten, „versingelt" – immer mehr Individualität gepaart mit dem Wunsch einen Partner zu finden. Kein neues Phänomen, sondern ein globaler Trend. Das hatten damals die meisten Leute noch gar nicht verstanden, und das Thema Partnervermittlung im Internet steckte nicht nur in den Anfängen, sondern eher in der „Schmuddelecke". Die extrem hohe gesellschaftliche Relevanz begriffen die Wenigsten. Ganz anders: Prof. Hugo Schmale, Hamburger Psychologie-Professor, auf dessen – bereits in den 1960er-Jahren entwickelter – Test der Parship-Matching-Algorithmus beruht. Professor Schmales Empirie fußte bereits vor 50 Jahren auf Offline-Fragebögen in Zeitschriften. Gemeinsam mit der Verlagsgruppe Georg von Holtzbrinck wurde daraus Parship als Online-Angebot entwickelt. Noch räumte kaum jemand dem Thema Partnerschaft eine extrem hohe gesellschaftliche Bedeutung ein. Mich hingegen reizte diese Aufgabe sehr und ich bezeichne sie noch heute als *Working for Love*. Das Ergebnis der Arbeit hing sozusagen in allen Stockwerken des Büros an den Wänden. In Fünferreihen Fotos von Paaren, die sich dank Parship gefunden hatten, neue Familien, die entstanden waren. Nur die wenigsten teilten ihre Freude darüber mit Dankesbriefen und Fotos – auch hier war von einer hohen Dunkelziffer auszugehen – dennoch zeigte sich so tagtäglich, wie viele Beziehungen und wie viel zwischenmenschliches Glück diese Plattform stiftete – es kann für ein Unternehmen kaum einen schöneren „Benefit" geben.

Bei meinem Eintritt in das Unternehmen galt Online-Partnerschaftsvermittlung nach wie vor als wachsender Markt. Doch scheinbar wie aus dem Nichts drohte starke Konkurrenz. Erschwerend hinzu kam etwas, das ich bis dahin noch in keiner Firma erlebt hatte: Die Wettbewerber waren entweder von illoyalen Mitgesellschaftern initiiert oder von ehemaligen Mitarbeitern gegründet worden – eine vollkommen schockierende Erfahrung. Nur wenige Tage nach meinem Antritt verabschiedete sich beispielsweise der COO, kurz danach der CMO aus dem Management-Team, um zum direkten Wettbewerber zu wechseln. Ein Minderheitsgesellschafter startete als Hauptinvestor mit zweistelliger Millionen-Investition ein „Copycat". Und beim Kopieren macht man sich nicht einmal die Mühe, die kleinen Rechtschreibfehler der von Parship geklauten AGBs zu korrigieren. Besonders herausfordernd an dieser Situation als neuem CEO war, mir einerseits treu zu bleiben und konsequent zu handeln, und andererseits den Stil und Spirit des New-Economy-Unternehmens hochzuhalten. Schließlich bot Parship ein fantastisches Produkt – das beste am Markt. Aber es wurde mit harten Bandagen gekämpft. Viele neue Spieler traten in den Markt ein, eine erste Konsolidierung war gefragt. Jede Werbeaussage des Wettbewerbers wurde genauestens analysiert und im Zweifel juristisch hinterfragt, Zeiten für Werbespots im Fernsehen geblockt, Profile kopiert und so weiter. Es handelte sich um einen Verteilungskampf um Wachstum und damit Marktanteile – die bislang ruhige und hochprofitable Wachstumsphase war vorbei.

Erfolg = Motivation

Der Aufbau und die Struktur wie sie Parship bis zu diesem Zeitpunkt besaß, war in der neuen Wettbewerbssituation nicht mehr tragbar, das heißt es ging um echte Restrukturierungsmaßnahmen in der New Economy. Das Unternehmen produzierte viel zu hohe Kosten, hatte beispielsweise mehrere Büros im Ausland aufgebaut, und ich musste harte Einschnitte vornehmen – auch personell. Sehr loyale und geschätzte Mitarbeiter, die Parship jahrelang mit aufgebaut hatten, mussten das Unternehmen verlassen. Ich lernte, selbst bei äußerst unangenehmen Entscheidungen, offen, transparent, nachvollziehbar und aufrichtig zu kommunizieren, um Glaubwürdigkeit zu schaffen und einen echten Umbau möglich zu machen. Es galt, die Finanzkraft des Unternehmens zu stärken und es durch Zukauf oder Verschmelzung mit Wettbewerbern wie beispielsweise Elite Partner konkurrenzfähig zu halten – Ziele, die in der New-Work-Welt eher selten vorkommen und nicht gern gehört werden, wenn zum Beispiel zentralisiert werden muss, der eigene Arbeitsplatz wegfällt oder neue spannende, jedoch noch unprofitable Geschäftsfelder nicht weiterbetrieben werden können.

Bis dahin hatte ich mich vornehmlich in Firmen befunden, die bewegte, wie stark das Wachstum ausfällt, beziehungsweise wie das zu managen ist. Nun ging es wie zu meinen P&G-Zeiten um Marktanteile und Verdrängung. Zudem war ich mit Anforderungen konfrontiert, die auch für die Internet-Branche noch neu waren. Denn bemerkenswert war festzustellen, was auch in einem New-Economy-Unternehmen passiert, wenn der optimistische Spirit und das positive Momentum fehlen. Identifiziert man sich mit dem Produkt seiner Arbeit, entsteht mitreißende Energie. Die Motivation der Mitarbeiter nährt sich dennoch primär aus dem Erfolg. Bleibt dieser aus, fehlt die Motivation. Tritt der Erfolg wieder ein, sind wieder alle motiviert. Ganz einfach. In solch einer Phase erkennt man als CEO, auf wen man zählen kann, wer die Zähne zusammenbeißt, an die eigene Leistungsfähigkeit glaubt und auch gewillt ist, schwierigere Episoden mit Rückschlägen durchzustehen. Eine Erfahrung, die mir einige Jahre später beim Umbau von „Wer liefert was", erneut begegnen sollte.

Räumliche Veränderung

Für mich bedeutete die Zeit bei Parship eine außergewöhnliche Lernerfahrung in der Gestaltung von Änderungsprozessen. Als ich merkte, dass in den gewohnten Strukturen ein Wandel unmöglich war, setzte ich beispielsweise trotz der angespannten Finanzen einen Umzug des gesamten Unternehmens durch. Die positive Kraft einer räumlichen Veränderung ist ein bedeutsamer Baustein auf dem Weg zum Change. Selbst wenn es sich, wie bei Parship, nur um den Umzug ein paar hundert Meter weiter handelte.

Tausend Ideen – Fokussieren

Ende der 2000er entstanden eine Menge neuer Ideen rund um das Thema Partnervermittlung. Der größte Player im Markt, match.com aus den USA, beteiligte sich an vielen neuen Trends, und so stellte sich auch bei Parship die Frage: Wird das bestehende Modell weiter Erfolg versprechen, oder wird sich der Markt grundsätzlich verändern, beziehungsweise fragmentieren? In den USA kamen unter anderem Dating-Plattformen für Senioren, Menschen jüdischen Glaubens, Veganer und One-Night-Stands, wie zum Beispiel Tinder heraus. Eine ganze Reihe davon schafften es nach Europa und wurden entsprechend kopiert. Auch bei Parship dachten wir über eine Ausweitung der Services nach und brachten eine Highend-Plattform namens „MyTribeca" an den Start – für eine exklusive Zielgruppe und mit Offline-Events. Am Ende setzten sich nur wenige Einfälle durch, denn der Markt forderte den klaren Fokus auf das Kerngeschäft, was sich bis heute bewährt und etabliert hat, sodass Parship inzwischen mit der Übernahme von eHarmony auch in den USA erfolgreich ist.

3

Wer liefert was? – Gibt's die noch?

Steter Kurs Richtung Inseldasein

1932 wurde *Wer liefert was?* gegründet, 1934 kam die erste Ausgabe auf den Markt. Das Buch (unterteilt in die mit Suchbegriffen von A bis Z versehenen Warengruppen 1 bis 9) (Ernährungswirtschaft, Behausung und Zubehör, Bekleidung und Ausrüstung, Körperpflege und Sport, Spiel und Unterhaltung, Forschung und Belehrung, Antrieb und Fortbewegung, Gütererzeugung, Vertrieb und Organisation) erschien einmal im Jahr und wurde – anfangs in Einzelbänden von bis zu 1200 Seiten und zuletzt sechsbändig mit insgesamt über 2000 Seiten – bis zum Jahr 2000 verlegt.

Herausgeber der ersten Ausgaben des branchenübergreifenden Nachschlagewerks – Untertitel: „Bezugsquellen-Nachweis für den Einkauf" – war das Leipziger Messeamt. Daher betraf die deutsche Teilung fünfzehn Jahre später auch den Verlag: Ab 1947 wurde in Leipzig „Wer liefert was? Der Bezugsquellen-Nachweis für den Einkauf in der Deutschen Demokratischen Republik" gedruckt. Für die westdeutsche Ausgabe wurde der Verlag in Hamburg neu gegründet. Sowohl die DDR-Ausgabe als auch die der BRD behielten es bei, auf dem Umschlag die Übersetzungen der Frage „Wer liefert was?" auf Englisch, Französisch, Spanisch und Russisch

© Springer Fachmedien Wiesbaden GmbH, ein Teil von Springer Nature 2020
P. F. Schmid, *Mission Wandel*, https://doi.org/10.1007/978-3-658-32175-8_3

(Ost) und Italientisch (West) abzubilden. Doch erst in den 1960er-Jahren wurde das westdeutsche Nachschlagewerk nach und nach mit mehrsprachigem Index (Englisch, Französisch, Italienisch, Niederländisch, Spanisch) versehen. 1970 erschien die Buchausgabe zusätzlich auf Mikroplanfilm und ab 1986 auf CD-ROM.

Nach der Wiedervereinigung 1990 wurden die West- und Ostausgabe von *Wer liefert was?* (WLW) in Hamburg zusammengeführt. Ab 1995 war WLW online, die erste Website ging live – drei Jahre vor Google. Damit war WLW allerdings nicht automatisch eine Internetfirma. Obwohl das Unternehmen früh reagierte und sich mit neuer Technik auseinandersetzte, handelte es sich nach wie vor um einen reinen Verlag.

AmiTech, Eniro, Seat Pagnine Gialle, Bisnode

Das Verkaufsroulette begann: Ab Mitte der 1990er-Jahre gehörte WLW der Firma AmiTech, einem US-amerikanischen Telefonkonzern, der die Strategie verfolgte, weltweit telefonbuchartige Unternehmen aufzukaufen. Wenige Jahre später, im Jahr 2000, wurde WLW eine Tochtergesellschaft des schwedischen Konzerns Eniro. Im selben Jahr veröffentlichte WLW die letzte gedruckte Ausgabe und 2004 die letzte CD-ROM. 2007 übernahm das italienische Unternehmen Seat Pagnine Gialle sämtliche Anteile von WLW, musste aber den Verlag nur ein Jahr danach aufgrund eigener finanzieller Probleme an Bisnode, einen börsennotierten, ursprünglich schwedischen Anbieter digitaler, europäischer Wirtschaftsinformationen, wieder veräußern.

Im Laufe weniger Jahre hatte WLW also etliche internationale Eigentümer-Wechsel durchgemacht. Das Management in Hamburg allerdings blieb davon nahezu unberührt. Erstaunlich: Von den Eigentümern oder Käufern hat keiner das Unternehmen je wirklich „angefasst" oder gar in die eigenen Strukturen integriert, denn es war immer noch ausreichend profitabel. Das heißt, einmal wurde versucht, gemeinsame Vertriebsstrukturen mit anderen Tochtergesellschaften aufzubauen, was jedoch nur kurz anhielt. Ansonsten ließ man sich einmal im Jahr die Ergebnisse vorlegen, eine Dividende auszahlen und das war's. Man behandelte WLW wie einen Oldtimer in der Garage, der nicht grundlegend an Wert verlor, auf dem sich aber langsam, aber sicher eine Staubschicht absetzte, und irgendwann öffnete nicht einmal mehr jemand das Garagentor. Als Bisnode beabsichtigte, bei WLW auszusteigen, wurde das Unternehmen verschiedenen deutschen Großverlagen angeboten, aber alle winkten ab oder gaben Kaufgebote ab, die unterhalb der Respektgrenze lagen, weil nach zwei bis drei Jahren der angebotene Kaufpreis wieder eingespielt sein sollte. Der Restrukturierungsaufwand, beziehungsweise das Risiko zu scheitern wurde als zu groß erachtet. Keines der Unternehmen sah das Potenzial. Der B2B-Markt war noch nicht digital und wurde noch nicht als attraktiv betrachtet.

Private Equity

2012 schließlich übernahm die Private Equity Company Paragon Partners als Eigentümer. Die Bewertung lautete auf den Punkt gebracht: Der Umsatz wächst zwar nicht, aber Geld wird verdient, Cash generiert und wenn wir unsere Kosten- und Strategieexpertise in den Ring werfen sowie die Führung ersetzen, wächst in jedem Fall der Ertrag und vielleicht auch wieder der Umsatz. Der Wert steigt somit in jedem Fall bei vermeintlich kalkulierbarem Risiko.

Ein Headhunter suchte im Auftrag von Paragon Partners einen neuen CEO, einen erfahrenen Internetmanager, der die Old Economy kannte und bereit war, unternehmerisches Risiko einzugehen. Das Motto lautete *skin in the game* – finanzielle Beteiligung am Unternehmen, damit dieses auch wirklich unternehmerisch geführt wird. Der Vorteil dieses persönlichen Investments liegt auf der Hand: Der CEO wird ernst genommen, weil sein Individualrisiko weitaus höher ist als das der Fondsgesellschaft, die meist über zehn unterschiedliche Beteiligungen innerhalb eines Fonds eingeht. Und genauso ist es mit dem persönlichen Engagement, denn es fühlt sich nicht nur an wie das eigene Unternehmen, es ist es auch. Die klassische Verschwendung des Managements – liegt am Ende des Quartals bei Zielerreichung noch irgendwo Geld herum, dann machen wir noch schnell etwas damit, egal was – die gibt es mit *skin in the game* nicht. Jeder ausgegebene Euro ist zum Teil Geld aus der eigenen Tasche. Damit haben Haupteigentümer und Management dieselbe Interessenslage sowie dieselbe Kostensensibilität und Risikobereitschaft bei anstehenden Restrukturierungen oder Investitionen. Ein Konstruktionsprinzip, das in der Private-Equity-Welt zum „Spiel" dazu gehört. Für Manager eröffnet dies enorme Chancen, bei nachhaltig erfolgreicher Arbeit Auszahlungssummen zu erreichen, die künftig echtes, weiteres Unternehmertum mit eigener Finanzkraft ermöglichen. Andererseits ist das Risiko beträchtlich – scheitert der CEO fällt er nicht wie ein typischer deutscher Vorstand in ein sicheres finanzielles Netz –, sondern trägt privates Kapitalrisiko und wird bei Misserfolg gefeuert, denn langfristige vertragliche Absicherungen existieren meist nicht.

Never put all eggs in one basket
Vor dem Angebot von Paragon Partners, bei WLW als CEO einzusteigen, hatte ich schon Erfahrung mit einigen unterschiedlichen Gesellschaftertypen gesammelt und gelernt, die jeweilige Eigentümerkonstellation zu managen. Private Equity allerdings war mir neu. Das Thema B2B im Internet reizte mich – ein gigantischer Markt, der nur auf Digitalisierung wartete – dazu eine etablierte, wenn auch etwas angestaubte, solide Marke wie WLW. Ich war damals schon fest davon überzeugt, dass der B2B-Markt ein aufsteigender Stern war und irgendwann *the next big thing* sein würde. Allerdings wusste ich auch: Mittelständische Unternehmen agieren konservativ und skeptisch, wenn es um Digitalisierung geht. Wie lange dieser Aufstieg also dauern würde, war völlig unklar.

Mit meiner Entscheidung für den Posten bei WLW war also nicht nur ein erhebliches privates Investment verbunden, sondern ebenfalls der Umzug meiner Familie von Berlin nach Hamburg. Ein emotional bedeutender Schritt, der reiflich abzuwägen war, zumal es dem Prinzip von *never put all eggs in one basket* widersprach. Andererseits übte genau das unternehmerisch sogar noch einen höheren Reiz auf mich aus.

Bist du wahnsinnig?
Als sich in dem Gespräch mit dem Headhunter abzeichnete, dass es sich um eine Position bei WLW handelte, lautete meine erste Frage: *Gibt's die noch?* Ich erinnerte mich aus Studentenzeiten an WLW, aber mir war nicht bewusst, dass die Firma tatsächlich bis ins Jahr 2012 überlebt hatte.

Die Reaktionen meines Umfelds fielen recht eindeutig aus: „Bist du wahnsinnig?" Internet-Firmen interessierten viele, aber ausgerechnet WLW? „Solch ein altmodisches Ding", „das braucht man nicht mehr" und „der Laden ist sowieso nicht zu retten" – wenig inspirierende und motivierende Meinungen, außer aus dem Umfeld der Altersgruppe 60+, das in der Firma, zumindest was den Ruf früherer Zeiten anbelangte, einen substanziellen Wert sah.

Was machen die eigentlich?

Das Leistungsversprechen von WLW war von jeher, gewerbliche Anbieter und Einkäufer für B2B-Produkte und Dienstleistungen zusammenzubringen. Früher in Form eines Buchs, 2012 mittels einer Website. Wie gut das funktionierte, und ob solch eine Suche in Zeiten von Google überhaupt noch notwendig war, war zum damaligen Zeitpunkt zumindest fragwürdig.

Betrachtete man die *Key Performance Indicators* (KPIs), wurde nicht unmittelbar klar, in welcher Situation sich die Unternehmung befand. Denn die finanziellen Kennzahlen der „ersten" Reihe, das heißt Umsatz und Ertrag, entwickelten sich nach wie vor einigermaßen positiv. Der Ertrag befand sich auf einem Höchstniveau und beim Umsatz von knapp über 30 Millionen Euro konnte 2011 sogar noch ein kleines Wachstum erzielt werden. Bei genauerer Analyse erkannte ich aber, dass sich die darunter liegen Faktoren und deren Metriken, die das Wachstum und Ergebnis zukünftig bestimmen würden, alle negativ entwickelten. Das Kundenwachstum wurde durch stark rabattierte Angebote erreicht, zielte auf Masse statt höherwertiger Kunden mit Deckungsbeitrag. Der Durchschnittspreis pro Kunde verschlechterte sich mit jedem neuen kleinen Kunden kontinuierlich, die Kündigungsrate im ersten Jahr stieg stark, und der Zuspruch der Nutzer, das heißt die Nachfrage durch Einkäufer sowie die Reichweite im Netz gingen seit geraumer Zeit zurück. Wie sich rausstellen sollte, insgesamt Faktoren, die nicht einfach oder gar kurzfristig zu drehen waren. Sondern Kernerfolgsfaktoren, an denen wir noch heute konstant arbeiten, und die sich erst im Laufe der Zeit und aufgrund vieler Veränderungen und Investitionen ins Positive wenden ließen.

Vorbereitung

Zwischen der Vertragsunterzeichnung und meinem ersten Arbeitstag lagen gut drei Monate, in denen ich versuchte, die Hauptbaustellen ausfindig zu machen, zum Beispiel anhand der KPIs oder des Organigramms. Zudem stand mir ein über sechzigseitiges Dokument zur Verfügung, das Paragon Partners (mittlerweile neuer Haupteigentümer) von einer externen Unternehmensberatung als Kaufgrundlage für Investoren hatte erstellen lassen. Darüber hinaus bekam ich monatlich Reportings mit Umsatzzahlen sowie die Gewinn- und Verlustrechnung zugeschickt und erhielt vom damaligen CTO (IT-Leiter) den jährlich erstellten Rechenschaftsbericht über die Tätigkeiten im IT-Bereich. Solch ein Papier kannte ich aus keinem Unternehmen, die Lektüre vermittelte mir nur sehr wenige Erkenntnisse, denn die Tätigkeit der WLW-IT beschränkte sich auf die Unterstützung der Backend-Systeme und des Rechenzentrums. Die wirkliche IT-Tätigkeit, wie für eine Internetfirma relevant und notwendig, war aus diesem Bericht nicht ersichtlich. Für die Private Equity Company stellte dieser Bereich ein echtes Asset dar, doch mein Eindruck war: Hier erwartet mich eine Großbaustelle. Denn gleichgültig, was in diesem Jahresbericht stehen mochte, es war in jedem Fall keine Basis für die Zukunft dieser Firma als echtes Internet-, geschweige denn Tech-Unternehmen.

In der Vorbereitungszeit habe ich von der Seitenlinie zugesehen und soweit wie möglich indirekt Fragen gestellt. Unvoreingenommen betrachtete ich alle WLW-Bereiche und aus den bestehenden Gefügen bildete ich ein hypothesenbasiertes Grobgerüst im Kopf. Rasch entdeckte ich Funktionen und Strukturen, denen es dieser Firma mangelte, sowie Kernthemen, die bisher nicht bearbeitet oder noch nicht als Problembereiche erkannt worden waren. Bis zu meinem ersten offiziellen Arbeitstag bin ich nicht ein einziges Mal zu WLW gefahren und habe mich dort umgeschaut. Einen ersten Eindruck von einigen Mitarbeitern erhielt ich anhand ihrer Profile bei Xing und vom Firmensitz dank Fotos bei Google Streetview. Aus Selbstschutz entschied ich, mich dort besser nicht umzusehen, sonst würde ich vielleicht doch noch einen Rückzieher machen.

Der erste Arbeitstag – Ankunft in der alten Welt

Der Firmensitz von WLW lag direkt hinter Bahngleisen der ICE-Strecke Hamburg-Berlin im damals noch stark industriell dominierten Stadtteil Hamburg-Borgfelde. Das sechsstöckige Backsteingebäude aus den 1960er-Jahren war alles andere als modern, aber gut in Schuss. Im Eingangsbereich fanden sich klassische Statussymbole unternehmerischen Erfolgs: Ein aufwendig gearbeiteter Steinfußboden mit Intarsien, eine Ledersitzecke für Besucher und eine Vitrine mit angejahrten Urkunden, Auszeichnungen und ein paar alten Buchausgaben.

Mit meinem Vorgänger bei WLW war keine Übergabe vereinbart worden. Begrüßt wurde ich zunächst von zwei netten Damen am Empfang, dann holte mich die Sekretärin meines Vorgängers ab. Neben den Türen des Aufzugs fiel mir sofort die Stechuhr auf. Die Sekretärin – von nun an meine Assistentin – und ich fuhren ins oberste Stockwerk zu meinem neuen Büro. Diese, der Geschäftsführung und dem Management vorbehaltene, Etage war mit einem elektronischen Zahlenschloss gesichert – das irritierte mich, arbeitete ich zukünftig in einem Hochsicherheitstrakt?

Die Assistentin stellte mich der Reihe nach dem Managementteam vor. Ich schlug kurzerhand eine gemeinsame Runde vor, zu der wir uns unverzüglich zusammensetzten. Das Büro des Geschäftsführers, also ab sofort mein Büro, war riesig, und, wie ich später feststellen sollte, mit Abstand der größte Raum im gesamten Haus. Darin befanden sich unter anderem ein gewaltiger Besprechungstisch aus schwarzem Holz, dunkle Ledersitzmöbel und an der Wand hing ein *Panaboard* – etwas, das ich bis dahin noch nie in Gebrauch gesehen hatte: Es handelt sich dabei um ein Tech-Gerät der 1990er-Jahre, entwickelt von der Firma Panasonic, das zunächst wie ein Flipchart im Querformat wirkt. Drückt man jedoch auf einen Knopf, fährt im Hintergrund ein Fotokopierer entlang und erstellt eine gedruckte Kopie von den Aufzeichnungen auf der Tafel. Im Zeitalter von Beamer und Großbildschirm verdeutlichte mir allein diese Installation im Geschäftsführerbüro eine Menge. Allerdings existierte im allgemeinen Besprechungsraum von WLW im Jahre 2012 auch noch ein

Overhead Projektor, der zwar nicht mehr im Einsatz war, aber dort als kostspieliges Relikt alter Tage herumstand.

Mein Arbeitsplatz – drei dunkel gebeizte Schreibtische über Eck – glichen einem gewaltigen Cockpit, in dem ich auf einem wuchtigen Lederschreibtischstuhl Platz nahm. Das Büro beherbergte außerdem aufwendig eingebaute Bibliotheksschränke, in denen mein Vorgänger seine Management-Literatur und Dokumentationen der Marketingseminare aufbewahrte, die er einmal jährlich besuchte. Die Einzelbüros des Managements schlossen sich an das Büro meiner Assistentin in meinem Rücken an. Auf dem Gang herrschte aber dennoch absolute Stille, weil sich im obersten Stock kein operatives Geschäft vollzog. Mein Vorgänger wollte sein Führungsteam in seiner Nähe, sozusagen unter Kontrolle wissen. Die fünf Chefs für Finanzen, Technik, Vertrieb, Personal und Produkt waren bereits seit mindestens zehn Jahren im Betrieb und hatten bis auf eine Person alle irgendwann einmal irgendetwas mit dem Vertrieb zu tun gehabt – jeder Einzelne hatte sich hochgedient. Man verstand sich als Familie.

Der erste Rundgang

Nach dem kurzen Kennenlernen des Managements wurde ich von meiner Assistentin durch die anderen Geschosse des Hauses geführt, in dem rund 90 Mitarbeiter untergebracht waren. Ein klassisches Bürogebäude mit niedrigen Decken und verwinkelter Struktur, weil im Laufe der Zeit zweimal angebaut werden musste. Alles machte einen recht finsteren Eindruck. Entlang der engen Flure lagen vornehmlich Einzelbüros, die im Stil von ländlichen Sparkassen-Filialen der 1980er-Jahre möbliert waren, inklusive Lamellen-Jalousien; am Ende jeder Etage befand sich die obligatorische kleine Teeküche. Tierposter und Urlaubserinnerungen der jeweiligen Mitarbeiter schmückten die Wände, auf den Fensterbänken fristeten Kakteen und dschungelartige Kletterpflanzen ihr Bürodasein, ein Mitarbeiter präsentierte im Büro seine Überraschungs-Ei-Sammlung.

Zig Einzelbüros und eine Privatwohnung

Solche Arbeitsplätze hatte ich zuletzt als Praktikant zu Studentenzeiten gesehen. Die vergangenen eineinhalb Jahrzehnte hatte ich in Internet-

Firmen verbracht, wo es vollkommen anders aussah und gänzlich anders zuging. WLW hatte ein Eigenleben entwickelt, deutlich veranschaulicht an dem Mitarbeiter in einem im hintersten Winkel versteckten Einzelbüro, der schon in etlichen Abteilungen des Hauses tätig gewesen war, einen Dienstwagen fahren durfte und für die „Organisation" zuständig war. Auf meine Nachfrage erfuhr ich, dass er die Organigramme des Unternehmens erstellte und anpasste sowie die Ausstattung der Büroräume betreute. Auf unserem Weg durch die Geschäftsräume bogen meine Assistentin und ich um eine weitere Ecke und standen überraschend vor einer verschlossenen Tür. Auf meinen fragenden Blick erklärte sie mir, dass sich dahinter die Wohnung einer der zwei Hausmeister befand. Ich besichtigte also ein Bürogebäude und stieß auf einmal auf die private Mitarbeiterwohnung des Haumeisters, die – wie ich einige Zeit danach erfuhr – im Übrigen ohne entsprechende Genehmigung errichtet worden war.

Das Rechenzentrum
Weiter ging es zum Rechenzentrum, das ebenfalls einem Hochsicherheitsbereich glich. WLW war ja bereits 1995 online gegangen, also zu einem sehr frühen Zeitpunkt, der die Notwendigkeit eines eigenen Rechenzentrums rechtfertigte, aber im Jahre 2012? Dazu waren hohe Investitionen getätigt worden – für die damalige Zeit nahezu vorbildlich fortschrittlich. Allerdings war es dabeigeblieben, eine Weiterentwicklung hatte seither kaum stattgefunden. Die letzte gedruckte Ausgabe von WLW war im Jahr 2000 erschienen. Man hatte also schon elf Jahre kein Buch mehr gedruckt, sondern war zur Monetarisierung der CD-ROMs und des Internetangebots übergegangen, aber es fühlte sich immer noch so an, als würden gleich um die nächste Kurve monströse Druckmaschinen auftauchen. Im Rechenzentrum existierte für den Bereich der Server eine weitere Sicherheitszone, denn der Raum besaß eine automatische Brandschutz-Gas-Löschanlage. Was aber nicht existierte, war eine echte Technologie-Abteilung mit Produktmanagern, UX-Experten, Programmierern und Spezialisten. Dieser Bereich war zum größten Teil outgesourced und wurde von einem IT-Dienstleister bedient. 2009 beispielsweise arbeitete WLW mit dem Fraunhofer Institut zusammen und

implementierte eine Suchmaschine, die eine semantische Textanalyse in Bezug auf die bei WLW gespeicherten Daten durchführte, was zu einer höheren Trefferquote führen sollte. Hochinnovativ, aber eben nicht im Haus entwickelt. Es fehlte das Selbstverständnis, ein Tech-Unternehmen zu sein, um mit der Entwicklung mithalten zu können. Dafür besaß WLW aber ein Diesel-Notstrom-Aggregat, damit bei einem Stromausfall das Rechenzentrum am Laufen gehalten werden konnte. Immer mehr verdichtete sich bei mir der Eindruck: WLW war eine Insel mit Selbstversorgungsanspruch und ohne großen Kontakt zur Tech- und Internet-Außenwelt.

Die Kantine

In der Kantine im Souterrain des Hauses stachen mir sogleich zwei Dinge ins Auge: Das elektronisch gesteuerte Salatbüffet mit Kühlsystem und vitaminschonender Beleuchtung, die stolze Großinvestition im Geschäftsjahr zuvor. Und die *Balanced Scorecard* (BSC). Ein echtes Highlight für mich, eine Firma übernommen zu haben, die – vermutlich neben ein paar DAX Konzernen – zu den wenigen Unternehmen gehörte, die so etwas einsetzten. Damit hätte ich nur in Großunternehmen gerechnet, die ich wohl niemals von innen sehen würde. Das BSC, direkt übersetzt „der ausgewogene Berichtsbogen", ist ein Konzept zur Messung, Dokumentation und Steuerung aller relevanten Unternehmensaktivitäten. Entwickelt wurde dies Ende der 1980er-Jahre in USA und feierte seinen Siegeszug in modernen Unternehmen der 1990er-Jahre. Die BSC war bei WLW mithilfe von Unternehmensberatungen in einem jahrelangen Prozess eingeführt worden. Und man hatte sich entschieden, sie ausgerechnet in der Kantine zu installieren. Ein Riesenkasten, der die unternehmenskritischen KPIs abbilden sollte. Dem Ampelsystem folgend, signalisierte rotes, gelbes und grünes Licht, wo man aktuell stand. Neben dem Gerät an sich und dem eigenwillig gewählten Standort empfand ich als besonders problematisch, dass die BSC alles Mögliche aufführte – IT-Bereitschaft war zum Beispiel ein Indikator –, aber Traffic und Kundenzufriedenheit, wie für ein Internet-Unternehmen von zentraler Bedeutung, war nicht zu finden. So hatte man volle Transparenz über Unternehmenskennzahlen, aber leider fehlten die für den langfristigen Erfolg essenziellen Parameter (die bei genauerer Betrachtung leider alle nach unten deuteten).

Lunch im 15-Minuten-Takt

Bei dem Rundgang wurde mir auch die Köchin vorgestellt und der anscheinend unverrückbare Usus, ausschließlich mit der eigenen Abteilung essen zu gehen. Weil die Köchin planen musste, und damit die Schlange in der Kantine nicht zu lang wurde, war zudem eine 15-Minuten-Taktung gewählt worden. Das hieß, die Technik ging um 12 Uhr essen, den Slot um Viertel nach 12 nahm die Finanzabteilung wahr, usw … Wehe, man kam zu spät! Denn es bot sich damals außerhalb des Betriebsgeländes weit und breit keine Alternative. In der näheren Umgebung waren eine Autowerkstatt, drei Gebrauchtwagenhändler und eine Import-/Export-Halle angesiedelt, die immer geschlossen war. Und der Straßenstrich sowie die offene Drogen-Szene, die vor allem abends den parkähnlich gesäumten Weg zur U-Bahn-Station für sich entdeckt hatte. Doch eine Verabredung zum Business-Gespräch war sowieso hinfällig, da kein Austausch mit der Außenwelt existierte. Wieder tauchte vor mir das Bild der einsamen Insel auf. Vollkommen isoliert. Darüber hinaus gab es natürlich auch keine spontane abteilungsübergreifende Unterhaltung beim Mittagessen, da ansonsten das Konzept der Köchin durcheinandergebracht worden wäre, und selbst beim Kaffee am Nachmittag blieb jeder in seiner Abteilung auf seinem Stock in der Teeküche.

Die Parkgarage

Ein Teil des Kellers im Haus beherbergte eine Parkgarage. Dort standen in Reih und Glied diverse schicke Autos. Alle Mitglieder der Geschäftsleitung hatten Firmenwagen mit einer hochwertigen Ausstattung, weil dies meinen beiden Vorgängern in der Geschäftsführung besonders wichtig gewesen war. Mein Vorgänger fuhr zum Beispiel eine funkelnagelneue deutsche Luxusklasse und musste bei der Bestellung des Wagens alles angekreuzt haben, was die Konfigurationsliste so hergab – vom Soundsystem bis zum erlesensten Leder. Da der Leasingvertrag noch eine lange Laufzeit vorsah, wurde mir später vorgeschlagen, die Luxuskarosse als

Dienstwagen zu übernehmen. Ich lehnte ab. Ein großer Firmenwagen als Statussymbol und Differenzierungsfaktor war ein Relikt des Old-Economy-Zeitalters. Ein Zeichen der Hierarchie, ähnlich relevant wie das große Eckbüro und Business Class zu fliegen.

Nachdem ich abgelehnt hatte, wurde überlegt, diesen Wagen sowie den nicht weniger kostspieligen Dienstwagen des Produktleiters bis zum Ende des Leasingvertrags als Kurierfahrzeuge zu verwenden. Es schien mir aber unangebracht, mit solchen Limousinen Botengänge zu erledigen. Schließlich haben wir die Wagen untervermieten können, sodass der Honorarkonsul von Monaco eines der repräsentativen Fahrzeuge übernahm.

Die Alarmanlage

In der Garage war zudem die Alarmanlage des Hauses untergebracht, die theoretisch von dem Mitarbeiter, der abends als Letzter das Gebäude verließ, scharf gestellt werden musste. Praktisch erwies sich die Anlage jedoch als derart kompliziert, dass sie nur von zwei Leuten bedient werden konnte. Das bedeutete absurderweise, alle anderen Mitarbeiter mussten rechtzeitig vor den beiden Alarmanlagen-Experten Feierabend machen, sonst war entweder das Haus ungesichert oder man wurde über Nacht eingesperrt.

Der Mitarbeiterparkplatz

Auf dem firmeneigenen Gelände befand sich selbstverständlich ein zusätzlicher großer Mitarbeiterparkplatz, damit jeder mit dem eigenen Wagen zur Arbeit kommen konnte. Der Anspruch darauf sollte später beim Umzug der Firma noch eine Herausforderung darstellen.

Einmal da, immer da

Bei meiner Erstbesichtigung traf ich einen der zwei Hausmeister, der, ausgestattet mit einem Rollwagen, die Post im Haus verteilte. Mir war unerklärlich, wie eine Internet-Firma im Jahre 2012 überhaupt noch so viel Post erhalten konnte, dass dies eine gesonderte Stelle erforderte. Nach und nach verstand ich: Bei WLW ging man der eigenen Aufgabe nach, solange es die Aufgabe gab, danach übernahm man eben eine andere Tätigkeit im Haus. Deshalb auch die vielen Vertriebler in Managementposition. Denn die, die dazu gehörten, blieben eben da – sehr human, wie in einer Großfamilie. Fehlte einem das passende Know-how, eignete man sich dieses sukzessive mit Hilfe von Seminaren und hausinternen Schulungen an. Die innere Logik des Inseldaseins verschaffte ausreichend Zeit.

Außenkontakte und Vergleichsmaßstäbe

Kontakt nach außen wurde nie gesucht. Wenn überhaupt übernahm dies der Geschäftsführer. Mein Vorgänger war Vorstand im Verband Deutscher Auskunfts- und Verzeichnismedien (VDAV) und im Verband der Europäischen Verzeichnismedienhersteller (European Association of Directory Publishers/EADP). Dort fand Austausch statt und dort wurde der eigene Markt definiert. Bei den Kongressen stellte der WLW-Geschäftsführer immer wieder fest: Das eigene Unternehmen lag an der Spitze und war fortschrittlicher als alle anderen Unternehmen. Daraus zog man die Konsequenz, dass es sinnlos bis kontraproduktiv sei, wenn Mitarbeiter mit Vertretern anderer Unternehmen Kontakt aufnahmen. Man definierte den Wettbewerb um den eigenen Kirchturm herum und erkannte nicht die Gefahr, die von ganz neuen Spielern im Markt heraufzog. Das Credo lautete: Andere können nur von uns lernen, wir aber nicht von anderen, darum bleiben wir zu Hause. Selbst im Briefkopf unserer Geschäftspapiere prangte stolz das Logo des VDAV und des EAPD. Dass die Wettbewerber in diesem Umfeld schon längst nicht mehr die Wettbewerber der Zukunft darstellten, verlor man in diesem Zirkel aus dem Blick. Und so wäre auch niemand auf die Idee gekommen, mit einem Silicon-Valley-Unternehmen ins Gespräch zu kommen. Für einen solchen Austausch mangelte es, der inneren Logik folgend, schon an entsprechenden Kontakten.

Bei der Fülle der Eindrücke wusste ich zunächst überhaupt nicht, wo ich mit den Veränderungen anfangen sollte. Denn ausgerechnet auf die Einrichtungen, die mir sofort ins Auge sprangen, schien die Belegschaft besonders stolz zu sein, weil es sich bei diesen um immense Investitionen gehandelt hatte: Die Salatbar, die BSC und die Gas-Löschanlage im Rechenzentrum. Doch in der Welt, aus der ich kam, waren diese Errungen-schaften nicht nur irrelevant, sondern vor allem keine Erfolgsfaktoren.

Quick Wins & Quick Fails

Mit dem Warum fängt es an – die Vision

Nach den ersten Eindrücken war mir sofort klar, dass die notwendigen Veränderungen einschneidender und gravierender sein würden, als ich vorab vermutet hatte. Auch die Mitarbeiter erkannten aufgrund meiner Fragen und Reaktionen, dass sich Dinge grundlegend ändern würden. Und das teilte ich nach wenigen Tagen allen mit. Ich lud zum ersten „All-Hands-Meeting", das fortan monatlich stattfand, und vermittelte dem gesamten Team einen ehrlichen, offenen, aber auch wertschätzenden Einblick in den Zustand des Unternehmens – und viel wichtiger, ich schärfte den Blick für das Ziel und wohin ich mit diesem Unternehmen wachsen wollte. Denn entscheidend für die Akzeptanz jeder Veränderung ist, sei es privat oder beruflich, das Warum zu verstehen: Warum soll ich bereit sein, Veränderungen zu akzeptieren, mitzutragen oder gar selber voranzutreiben?

Bei WLW war das Warum deutlich darstellbar: Zum einen deutete die Entwicklungsgeschwindigkeit des Unternehmens nicht darauf hin, über-lebensfähig zu bleiben – das zeigten die von mir vorgestellten Beispiele von Internet-Companies wie Lycos, Yahoo, AOL und deren Fortgang. Zum anderen war da die Vision,[1] der Grund, warum ich mich für WLW entschieden hatte: Es ging darum, einen europäischen Internetchampion aufzubauen, auf dessen Plattform sich alle europäischen SME (small and medium enterprises) präsentieren konnten, und der zur wichtigsten Quelle für neue, weltweite Kunden der mittelständischen Industrie in Europa werden sollte. Ausformuliert hieß das für uns:

---

[1] Die Vision beschreibt den idealen Zustand des Unternehmens in einer entfernten Zukunft. Der Zeithorizont umfasst dabei ca. 10 bis 15 Jahre.

„B2B in Europe starts with us."

Jedes mittelständische Unternehmen sollte zukünftig mit uns sprechen, um im Internet gefunden zu werden, und jeder professionelle Einkäufer sollte seinen Suchprozess mit WLW beginnen. Ich wollte etwas Großes aus WLW machen, einen europäischen Internetchampion aufbauen. Der großen Mehrheit der Mitarbeiterschaft gefiel die Ankündigung der massiven Veränderung mit Sicherheit nicht, aber alle begriffen, dass die neu gesetzten Ziele mit einer „Einfach-weiter-so-Mentalität" wohl nicht zu erreichen waren. Und jede und jeder Einzelne verstand nach meiner Ansprache das Warum. Meine Vision für das Unternehmen war im Hinblick auf die gegebenen Umstände innerhalb der Firma geradezu hochfliegend, ehrgeizig und schien geradezu unerreichbar – in jeden Fall mit tief greifenden Veränderungen verbunden. WLW sollte sich nicht bloß als ein Firmenverzeichnis weiterentwickeln und den deutschen Markt abdecken, wir mussten uns rasch wandeln und neu erfinden. Essenziell war dazu, die Vision in Worte zu fassen, und sie der Kollegenschaft nahezu täglich zu vermitteln. Das aktuelle Tagesgeschäft konnte in der Aufstellung (Aufbau- und Ablauforganisation) gerade noch bewerkstelligt werden, doch um die Vision zu verwirklichen, musste vieles – wenn nicht sogar fast alles – verändert werden. Ein ambitioniertes Vorhaben. Aber wie hoch gesteckt mein Ziel tatsächlich war, wurde mir erst nach und nach bewusst.

Der neue Chef

Die unterschiedlichen Vorbesitzer von WLW hatten das Unternehmen über Jahrzehnte unberührt gelassen. Die vorherrschende Einstellung der Belegschaft lautete deshalb: Ob wir Amerikanern, Italienern oder Schweden gehören ist unerheblich, das nimmt keinen Einfluss auf unser tägliches Handeln, auf unsere Existenz. Diese Erfahrung und die daraus resultierende statische Haltung erschwerte einen Neustart ungemein und die einsetzende Bewegung vergrößerte nur den inneren Widerstand. Denn der Wind hatte sich längst gedreht, und mit mir kam ein neuer CEO ins Haus, der im Gegensatz zu seinen Vorgängern gewillt war, den Laden umzukrempeln – dementsprechend angespannt war die Stimmung in der Belegschaft.

Mein Vorgänger in der Geschäftsführung war ein Manager „alten Schlags": Stark verwachsen mit dem Unternehmen, Privates und Berufliches vermischten sich fast automatisch. Er war offenbar sehr belesen in Management-Strategien: Mir wurde eine ganze Bibliothek mit Management-Literatur hinterlassen. Nebenbei hatte er sich jedes Jahr in den USA bei Management-Seminaren fortgebildet und auf diese Weise auf dem Laufenden gehalten – theoretisch. Praktisch jedoch blieb er ein Anhänger von tradierten Mustern und pflegte einen patriarchischen Führungsstil: Man siezte sich, trug obligatorisch Anzug, sprach in Meetings nur, wenn man gefragt wurde.

WLW entwickelte sich fast ausschließlich aus sich selbst heraus und schottete sich ansonsten weitestgehend ab – innerhalb der Organisation und nach außen. Geheimniskrämerei um alles und jedes schien zu den Grundprinzipien zu gehören. Dem Chef wurde eine starke Dominanz zugebilligt. Er war der Leitwolf, der klare Ansagen machte und eine hohe Prozessdisziplin einforderte. Und wenn in der Top-down-Befehlskette alles reibungslos lief, generierte das innerbetriebliche Vorschlagswesen die Innovationen – allerdings fördern die wenigsten innerbetrieblichem Vorschlagswesen eine echte Innovation wie das iPhone zutage. Mein Vorgänger war getrieben von überkommenen Vorstellungen des Marktes und von Vorschriften. Deutlich wird diese Einstellung anhand eines Beispiels aus der Automobilindustrie in den 1980er-Jahren: Jahrelang wehrte man sich gegen die Einführung des Katalysators.[2] Als auf politischer Ebene aber endlich ankam, dass die Bäume in Tschechien starben, hieß es: „Jetzt müsst ihr das doch mal langsam hinkriegen." Die Antwort lautete: „Na gut, wir haben uns schließlich schon zwanzig Jahre damit beschäftigt." Erst zu handeln, wenn es gar nicht mehr anders geht, war eine spezielle, aber leider weitverbreitete Haltung solchen Unternehmergeists. Die Qualität der Führung – wie gut einer den Laden im Griff hatte – war

---

[2] Im September 1984 beschloss die Bundesregierung die Einführung des Katalysators für alle Autos mit Benzinmotor. Steuerliche Anreize und eine fünfjährige Übergangsfrist sollten die Einführung erleichtern. Ab 1. Januar 1989 durften dann nur noch Neuwagen zugelassen werden, die den strengen US-amerikanischen Abgasnormen entsprachen. Damals war die Kat-Einführung ein kontroverses Thema mit emotionsgeladener Diskussion. 5000 Mark teurer würden die Autos dadurch, sagten die Gegner. Der Kat müsste außerdem alle fünf Jahre getauscht werden, und der Verbrauch würde steigen. Völlig übertrieben, meinten die Befürworter und malten apokalyptische Bilder von einem „ökologischen Hiroshima" und einer Zukunft ohne Wald. Heute ist der Fahrzeugkatalysator eine Selbstverständlichkeit, und sowohl das Auto als auch der Wald haben überlebt. Quelle: www. heise.de/autos/artikel/Entgiftet-2194217.html. Zugegriffen am 20.09.20.

äußerlich daran zu erkennen, wie makellos der Betriebshof nach Feierabend gefegt war. Das kannte ich aus Kindertagen von unserem Familienunternehmen in den 1970er-Jahren, und bei WLW schien mir die Sauberkeit des Mitarbeiterparkplatzes wichtiger als beispielsweise Fortschrittlichkeit der IT, die jedes Jahr in einen 40-seitigen Bericht des IT-Leiters dokumentiert wurde.

Zur WLW-Unternehmenskultur im Jahr 2012 gehörte: Dem Geschäftsführer wird nicht widersprochen. Mein Vorgänger war der Übervater, der alles bestimmte, darum tauchten auch kaum Probleme auf. Dort, wo *er* auf Probleme stieß, wurden sie prompt und diszipliniert abgearbeitet. Der Respekt, Schwierigkeiten zu melden, und die mitschwingende Angst, dass Probleme transparent wurden, war allerdings groß.

Dank meiner Tätigkeiten in den bereits erwähnten Unternehmen habe ich im Laufe der Zeit ein paar Prinzipien „guter Führung" abgeleitet. Das fängt mit Zuhören und Verstehen an – die Basis und essenzieller Bestandteil guter Führung. Ich versuche in Gesprächen, Impulse für Veränderungen und Innovation aufzunehmen, und zwar hierarchieübergreifend. Heute sind erfolgreiche Unternehmen Gebilde aggregierten Wissens aus unterschiedlichen Bereichen. Deshalb heißt es, konstant zuzuhören, intern wie extern, und sich das globale Wissen zunutze zu machen und zu lernen. Gleichzeitig führt dies automatisch zur permanenten Überprüfung der Vision des eigenen Vorhabens. Außerdem glaube ich in hohem Maße an Teamfähigkeit, und mein Rollenverständnis umfasst, dass sich meine Autorität nicht etwa aus mir allein zur Verfügung stehendem Herrschaftswissen und meiner Macht ableitet, sondern weil ich „das erste Vorbild" bin. Es geht darum, das sprichwörtlich gute Beispiel zu geben, um unter anderem Imitationslernen auszulösen. Ganz einfach formuliert: Man entwickelt für eine Firma eine Vision und Strategie und lebt die Form der Umsetzung vor. Dann können Mitarbeiter folgen, übernehmen den Spirit, prägen die Kultur und führen die Aufgaben meist besser aus, als man das selbst könnte. Es herrscht kein Richtig oder Falsch, sondern als CEO bin ich *Role Model*. Darin besteht ein gravierender Unterschied zu früheren Zeiten. Der Vorstandsvorsitzende von Thyssen war kein *Role Model*, wenn er von seinem Chauffeur vorgefahren wurde und sich daraufhin allein im großen Büro und Lederfauteuil mit dicker Zigarre im Mund clevere Gedanken machte – er war eine Respektsperson.

Zwischen Respektsperson und Vorbild liegen jedoch Welten. Für damalige Verhältnisse bestimmt ein richtiger Ansatz, in der heutigen egalitären Arbeitswelt allerdings nicht mehr erfolgsversprechend.

Meine Assistentin zum Beispiel sprach anfangs wohl aus Respekt oder gar Angst kaum mit mir. Sie beäugte mich eher, studierte mein Verhalten und versuchte, die neuen Zeichen zu deuten. Als ich sie bat, meine E-Mails zukünftig immer mitzulesen und aufforderte, diese mitunter proaktiv zu bearbeiten, konnte sie es fast nicht fassen, denn diese Art von Offenheit, Vertrauen und Zusammenarbeit war ihr gänzlich unbekannt.

Darüber hinaus erntete ich allgemeine Verwunderung, wenn ich durchgehend von 9 bis 18 Uhr Termine vereinbarte. Zum einen machten die meisten für gewöhnlich spätestens um 17 Uhr Feierabend. Also saß ich zu dieser Uhrzeit regelmäßig allein im Haus, und konnte, wenn ich später das Gebäude verließ, nicht einmal die Alarmanlage aktivieren. Zum anderen vergab ich selbstverständlich auch über die Mittagspause hinweg Besprechungstermine. Eines Tages bat ich meine Assistentin, mir mittags ein Sandwich aus der Kantine zu besorgen. Sie warf mir einen fragenden Blick zu, den ich aber erst eine Stunde später verstand, als ich gemeinsam mit der Marketingabteilung um den riesigen schwarzen Besprechungstisch saß. Denn plötzlich ging die Tür auf, und die Assistentin sowie die Köchin rollten einen Servierwagen herein, auf dem eine Suppenschüssel thronte. Ich war vollkommen perplex. Die beiden Damen breiteten vor mir – und nur vor mir – Serviette und Besteck aus, stellten die Suppenschüssel auf den Tisch, platzierten den tiefen Teller und schöpften aus der Terrine dampfende Suppe hinein. Die Assistentin erklärte, die Köchin hatte mitten im Mittagsgeschäft nur für mich eine Maultaschensuppe gekocht, weil man entschieden hatte, dass ich etwas „Richtiges" zu essen brauchte. Das war ebenso rührend fürsorglich wie absurd. Bezeichnend ebenfalls, ausschließlich mir etwas zu servieren, sodass mir die Mitarbeiter um den Tisch beim Essen zusehen mussten.

Das Sakrileg

Das absolute Unverständnis der beiden Damen am Empfang, die einen morgens freundlich begrüßten und den Tag über die Telefonzentrale be-

treuten, zog ich mir gleich in den ersten Tagen zu. Denn im Empfangs-
bereich stand diese Vitrine, in der ein paar der alten WLW-Ausgaben und
vergilbte Urkunden ausgestellt waren. Jeden Morgen bei meiner Ankunft
im Haus fragte ich mich: Was ist das eigentlich genau? Bei näherer Betrachtung stellte ich fest, die aktuellste Urkunde war fünfzehn Jahre alt.
Daraufhin ließ ich das gläserne Monstrum abbauen und die Dokumente
archivieren. Doch bald merkte ich, ich hatte ein Sakrileg begangen, mit
der Konsequenz tagelanger kollektiver Empörung. (Als Beleg unserer langen Vergangenheit sind die Bücher heute wieder in unseren Büroräumen
zu sehen und zieren in Kombination mit der mittlerweile zeitgemäß modernen Einrichtung verschiedenste Wände.)

Vertrauen ist gut?

Früh handelte ich mir auch ersten Ärger mit dem Betriebsrat ein, als ich
die Stechuhr neben dem Aufzug deinstallieren ließ und ab sofort *Vertrauensarbeitszeit* einführte. Rechtlich befand ich mich in einer recht schwa-
chen Position, denn die Betriebsvereinbarung besagte, dass die Stechuhr
die Arbeitszeit registrierte. Vertrauensarbeitszeit? Die meisten Mitarbeiter
lehnten das anfangs ab, der Betriebsrat vermutete Überstunden durch die
Hintertür. Schließlich hatte das Unternehmen jahrzehntelang für ein be-
stimmtes Quantum Arbeitszeit gezahlt. Darauf gründete ein allgemein
akzeptiertes Interesse an Überwachung. Die Unternehmensorganisation
beruhte darauf, den Mitarbeiter und seine Zeit einem übergeordneten
Interesse zu unterstellen. Die Stechuhr markierte dabei die Grenze zwischen Arbeits- und Freizeit. Es entstanden lange Diskussionen um Ar-
beitsrecht, allgemeine Protokollpflicht und Rechte des Einzelnen. Immer
wieder verschanzte man sich hinter Mauern aus Entscheidungen und Erfahrungen der Vergangenheit. Die Überlegung, dass eine Neuerung, die
noch vor wenigen Jahren nicht funktioniert hätte, nun aber passend sein
könnte, ließ man nicht zu.

Selbstverständlich gehörte zum Grundverständnis der Beziehung zwischen Betriebsrat und WLW – fern der individuellen Gehaltsdimen-
sion – auch eine jährlich automatische, leistungsunabhängige, prozen-
tuale Gehaltserhöhung, sodass seit Jahrzehnten im Unternehmen tätige

Angestellte finanziell aus ihrer Stellenbeschreibung herausgewachsen waren, und wir eine Reihe weit überbezahlter Sachbearbeiter beschäftigten. Das ist nicht einfach aus der Welt zu schaffen. Für zukünftige Gehaltsentwicklungen wurden mit dem Betriebsrat unterschiedliche leistungsabhängige Cluster für die Erhöhung und erstmalig Boni für ausgewählte Mitarbeiter und insbesondere Führungskräfte vereinbart. Trotzdem ist es bis heute in den Köpfen vieler altgedienter Mitarbeiter verankert, dass eine allgemeine gleichprozentuale Erhöhung eigentlich am besten und fairsten wäre. Wobei geradezu stoisch ignoriert wird, dass bei einem solchen Modell die Gehaltsunterscheide immer größer werden. Doch bis zum heutigen Tag kommt aus den Reihen des Betriebsrats bei den jährlichen Gehaltsverhandlungen immer wieder diese Forderung auf.

Wurst und Cognac

Meine Assistentin sprach mich auf *den* Geschenkkorb an. Ich erfuhr: Früher hatten verdiente Mitarbeiter bei der Weihnachtsfeier die Boni vom Chef persönlich überreicht bekommen – in cash. Das entsprach so gar nicht der New Economy, sondern vielmehr den tradierten Motivationsmethoden eines Strukturvertriebs. Außerdem war ein weihnachtlicher „Fresskorb" als Geschenk an jeden Mitarbeiter obligatorisch. Ich kannte das aus meiner Kindheit, als Mitarbeiter meines Großvaters und Vaters zu Jubiläen Körbe mit dicken Würsten und teurem Cognac erhielten. Aber 2012 bei WLW? Eine meiner Aufgaben sollte nun darin bestehen, beim Hamburger Geschenkkorb-Händler, von dem man die Präsente seit Jahren bezog, den Inhalt des Korbs persönlich vor Ort zusammenzustellen, denn das war natürlich Chefsache. Nach langem Ringen gab ich mich geschlagen, entschied aber, den Brauch ab dem darauffolgenden Jahr einzustellen, fortan gab es zwar weiterhin Weihnachtsgeschenke, aber andere. Diese Entscheidung führte zu einem weiteren Aufschrei im Haus. Denn solch etablierte, emotional belegte Traditionen galten als unverrückbar, und in solchen Momenten wurde mir die ganze Fragilität der „Mission Wandel" bewusst.

Buchholz in der Nordheide

Zur DNA von WLW gehörte, das Unternehmen als eine Art Familie zu betrachten. Das gilt für viele traditionell geprägte Betriebe. Doch bei WLW bestand darüber hinaus eine bemerkenswerte regionale Verbundenheit, aus der eine gewisse personelle Geschlossenheit resultierte. Begonnen hatte damit der Gründer, der aus Buchholz in der Nordheide stammte und bis auf wenige Ausnahmen ausschließlich Leute aus diesem Örtchen eingestellt hatte. Diese Kultur wurde über Jahrzehnte gepflegt und führte in der Folge zu mehr und mehr verwandtschaftlichen Verhältnissen im Unternehmen.

Dreißig Gespräche in drei Wochen

Schon bald verdeutlichte sich, bei WLW ging es um mehr, als nur ein wenig hier und da zu verändern und zu digitalisieren. Deshalb reifte in mir unmittelbar der Gedanke, die Aufbauorganisation nachhaltig zu transformieren. Es gab große Abteilungen für den Rechenzentrumsbetrieb vor Ort oder die Recherche-Abteilung, aber es fehlten für eine Internetfirma essenzielle Abteilungen, wie Onlinemarketing, Produktmanagement oder Softwareentwicklung.

Ich wollte schnellstmöglich mit jedem einzelnen der knapp 100 Mitarbeiter am Standort sprechen und nahm mir dafür die ersten drei Wochen Zeit. Die weiteren knapp 70 Vertriebsmitarbeiter sollte ich dann bei der Herbsttagung des Vertriebs kennenlernen. Mir schwebte vor, von jedem Einzelnen eine persönliche Stellenbeschreibung zu erhalten und zu erfahren, mit was er oder sie den ganzen Tag beschäftigt war. Ob Hausmeister oder Leiter der Finanzen, in den Gesprächen gaben sich alle sehr zurückhaltend und niemand wagte, sich kritisch zu äußern, weil ja der Chef im Raum war. Ein offener Gedankenaustausch kam selten zustande, und kaum einer reagierte auf meine Fragen oder schlug etwas für die Zukunft des Unternehmens vor. Ich nannte das damals den „Nichtangriffspakt", denn man wollte gerade noch über die eigene Aufgabe, aber keinesfalls über die eines Kollegen sprechen. Ein über Jahrzehnte gelerntes Verhalten wurde offenbar.

Das galt auch für die Geschäftsleitung. Das Management beäugte sich zwar reserviert, aber man hatte sich an einander gewöhnt und hielt sich an die wohlbekannten Spielregeln. Bei den Managementmeetings ging es nie darum, Transparenz zu schaffen, sondern um die Rechtfertigung der eigenen Position und Befugnisse. In die Tiefe des Unternehmens zu blicken, fiel mir deshalb schwer. Alle Manager beriefen sich auf die BSC in der Kantine, die jedoch nach meiner kritischen Analyse nichts besagte und zum Selbstzweck verkümmert war.

Nur wenige, sehr leise Stimmen bekannten in diesen Gesprächen, einem Internetexperten als Geschäftsführer etwas abgewinnen zu können, und gaben verhalten zu, dass sich etwas Neues entwickeln müsste. Im Großen und Ganzen aber schilderte man mir WLW in den schillerndsten Farben, denn man war zu Recht stolz auf die Erfolge der Vergangenheit. Die Identifikation mit dem Unternehmen war derart stark, dass man es noch gut dastehen lassen wollte, als schon offensichtlich war, wieviel sich künftig ändern würde. Wenn ich zum Beispiel nach dem Budget-Prozess fragte und wissen wollte, inwieweit damit offen umgegangen wurde, bekam ich zur Antwort: „Jeder schlägt jährlich drei Prozent drauf." Das war's. Niemand äußerte sich im Sinne von: Wir sollten aufgrund der strategischen Ausrichtung mal mehr hier und dort auch weniger veranschlagen oder umverteilen. Dazu hätte man allgemein offenlegen müssen, worin die bisherigen Ausgaben bestanden und potenzielle Ausgaben im eigenen Bereich, aber auch im Bereich des Kollegen infrage stellen müssen. Übrigens, man kannte auch nur das eigene Budget. Den Überblick besaß einzig der ehemalige Geschäftsführer, der einen intransparenten Führungsstil favorisiert, seine Machtfülle stetig erhöht und die Mitarbeiter zunehmend verunsichert hatte. Dass heutzutage die Zielsetzung eines Unternehmens und die Transparenz, wo man auf dem Weg dorthin eigentlich steht, für jeden einzelnen Mitarbeiter relevant sind, hatte im Jahr 2012 bei WLW noch niemand registriert.

Erste tektonische Verschiebungen

Durch die Lage der Geschäftsleitungsbüros im obersten Stockwerk arbeiteten die Vorgesetzten getrennt von ihren Teams – heutzutage unvorstellbar. Eine meiner ersten Maßnahmen deshalb: Das Management rückte zum entsprechenden Team. Für mich hatte das zunächst den Nachteil, mich hoch oben im Haus noch verlassener zu fühlen, denn es war nun noch stiller als zuvor. Obwohl sich die Begeisterung in Grenzen hielt, zog bald darauf eine kleine Marketingabteilung in die vormaligen Büros des Managements. Später bemerkte ich: Die Mitarbeiter kannten bislang ausschließlich den Führungsstil meines Vorgängers, darum fiel es ihnen schwer, die räumliche Nähe nicht als Bedrohung und den internen Zwangsumzug als Strafe zu empfinden. Also musste auch hier zuerst das Eis gebrochen werden, denn die ersten Smalltalks zwischen den Kollegen und mir verliefen sehr verhalten. Ich versuchte allgemein, so natürlich und authentisch wie möglich zu sein, ohne die anderen zu verschrecken. Das gelang mir anfangs nicht immer. Ein hinzugezogener Coach erklärte mir damals nach einem gemeinsamen Training mit dem Management: „Peter, du hast sie überrannt, das war zu viel Information, zu viel Einblick in deine Gedankenwelt, Vision und Meinung auf einmal." Ich nahm den Rat an und änderte die Dosierung.

Startschuss für strukturelle Veränderung

Nach meinen Gesprächen gab es ungefähr dreißig Mitarbeiter, von denen wir uns meiner Meinung nach aus unterschiedlichen Gründen sofort hätten trennen sollen. Darunter Härtefälle wie zum Beispiel die Köchin und ihren Mann, der unter anderem als Fahrer der Geschäftsführung tätig war. Außerdem eine Mitarbeiterin aus der Recherche-Abteilung, deren Ehemann ebenfalls im Unternehmen angestellt war, und den ich unbedingt halten wollte. Die Einschnitte betrafen also zum Teil ganze Familien.

Die Gesellschafter zweifelten an der Umsetzbarkeit meiner Entscheidung zur Abschaffung dieser Arbeitsplätze, weil in den allermeisten Fällen weder eine verhaltens- noch eine betriebsbedingte Kündigung auszusprechen war. Somit musste ich in Verhandlungen mit den betreffenden Mitarbeitern und dem Betriebsrat treten. Der Hauptgesellschafter verlangte einen Plan B. Es gab aber keinen. Die Investoren hielten das für inakzeptabel, da es eine potenziell große finanzielle Gefahr darstellte. Ich ging ins persönliche Risiko. Im vollen Bewusstsein, dass mich die Gesell-

schafter in diesem Punkt nicht decken würden, falls der Betriebsrat hö-
here Forderungen stellen und gar nicht mitziehen, sich der Umbau über
Monate hinziehen oder gar das operative Geschäft substanziell leiden
würde. Kurz, wenn Plan A nicht aufgegangen wäre, hätte ich wahrscheinlich das Unternehmen verlassen müssen.

Blieb noch die Frage, woher die finanziellen Mittel für die anstehenden Abfindungsleistungen nehmen? Mir war klar, solche Zahlungen
würden in jedem Fall anfallen. Die Höhe war allerdings nur schwer
vorherzusehen. Die Rechtsprechung fußt auf sehr unterschiedlichen
Abfindungsfaktoren,[3] abhängig von Branche und Unternehmensgröße.
Insbesondere im Verlagswesen wurden damals noch extrem hohe Ab-
findungen gezahlt. Natürlich sollte der Faktor bei WLW fair ausfallen,
jeder betroffene Mitarbeiter sollte für seinen Einsatz in der Vergangenheit und die langjährige Treue zum Unternehmen angemessen abgefun-
den werden, dennoch bewegten sich die Zahlen weit entfernt von der
Größenordnung vieler finanzstarker Verlage. Außerdem musste ein Weg
gefunden werden, diese zur sofortigen Auszahlung anstehende, substan-
zielle Summe zu finanzieren. Meine Idee: Verkauf der Immobilie. Allerdings war diese mit einer viel zu hohen Bewertung in den Büchern
erfasst. Bei einem Verkauf hatten wir daher einen unangenehmen Buch-
verlust zu verzeichnen, erhielten aber Liquidität. Ich vereinbarte mit dem
Hauptgesellschafter, den Erlös größtenteils für die personelle Umstrukturierung zu verwenden. Aufgrund des Immobilienverkaufs würden
allerdings künftig Mietkosten anfallen, die aus dem operativen Geschäft
zu tragen waren.

„Mein Baby"

Die betroffenen Angestellten reagierten natürlich entsetzt, weil sie nicht
mit ihrer Entlassung rechneten, denn sie hatten sich nichts zu Schulden

---

[3] Eine Abfindung ist eine einmalige Geldzahlung, die ein Arbeitgeber einem Arbeitnehmer zahlt,
wenn dieser sein bestehendes Arbeitsverhältnis unter bestimmten Voraussetzungen beendet. Die
Höhe dieser Abfindung berechnet sich meist nach der Formel „Jahre der Beschäftigung" mal „Mo-
natsgehalt" mal „Faktor x". Dieser Faktor wird Abfindungsfaktor genannt und variiert meist zwischen 0,5 und 1,5.

kommen lassen. Außerdem hatte das Unternehmen ein Jahr zuvor noch Gewinne eingefahren. Ich konnte das Unverständnis, die Sorgen und Ängste logisch und emotional vollkommen nachvollziehen, erklärte jedem Einzelnen erneut meine Zukunftsvorstellungen für WLW und meine Beweggründe, die aber in dieser Situation nur schwer zu vermitteln waren. In dem ein oder anderen Fall konnten wir für die Betroffenen Folgelösungen in anderen Unternehmen. Die Köchin zum Beispiel trat eine Stelle in einem Krankenhaus in ihrem Wohnort an, sodass sie nicht einmal mehr pendeln musste.

Als ich das erste Mal mit der „Kündigungsliste" beim Betriebsrat erschien, wurde das Unterfangen abgeschmettert. Ich versuchte wieder, mein Konzept mit Negativbeispielen der Entwicklung von Lycos oder AOL zu begründen, die kurz nach Erreichen ihres Zenits urplötzlich in eine tiefe Krise gestürzt waren. Doch die Vorbehalte des Betriebsrats blieben. Für die Gespräche holte ich mir die Unterstützung eines externen Coaches, zumal beim WLW-Betriebsrat eine bemerkenswerte Situation herrschte: Der Betriebsratsvorsitzende war Mitglied der Geschäftsleitung – ein einzigartiger Sonderfall. Denn er war es gewohnt, meist nur mit sich selbst zu verhandeln. Es fiel ihm äußerst schwer einzusehen, dass daraus ein inhärenter, nicht zu akzeptierender Konflikt entstanden war. Diese Situation musste aufgelöst werden, allerdings geschah das nicht von heute auf morgen, sondern über zwei Jahre und mittels vieler Gespräche. Am Ende verließ er seinen Posten bei WLW. Dabei war er eine überaus fähige Führungskraft, bei der *Will and Skill* übereinstimmten, aber es war ihm nach siebzehnjähriger Betriebszugehörigkeit nicht möglich, sich aus seinen bestehenden Verbindungen und Verstrickungen im Unternehmen zu lösen und quasi neu zu starten – sehr schade für ihn persönlich, aber auch für die Unternehmung.

Stellt man die Aufbauorganisation substanziell infrage, kommt man rasch zur Führungsfrage, also: Verfügt das Unternehmen über die passende Führungsaufstellung, die den geplanten Wandel versteht, unterstützt und umsetzen kann? Im ersten Schritt trennten wir uns von zwei Mitgliedern der Geschäftsleitung und im weiteren Verlauf von den drei weiteren. Bei manchen gestaltete sich das schwierig: „Das ist mein Baby, ich will hier nicht weg". Trotzdem wurde das Unternehmen nur mit einer einzigen Arbeitsgerichtsklage konfrontiert. Im Nachhinein erkannte ich,

die Reaktion des Mitarbeiters, eine Klage anzustrengen, basierte auf ge-
kränkter Eitelkeit. Er fühlte sich in seiner Arbeit und nach allem, was er
für WLW aufgebaut hatte, nicht wertgeschätzt.

Zu Risiken und Nebenwirkungen

Selbstverständlich legte ich jederzeit und immer wieder meine Vision
und mein Ziel dar, durch notwendige Einschnitte WLW wieder wettbe-
werbsfähig zu machen und einen europäischen Internetchampion aufbauen zu wollen. Meine Überzeugung war damals (und ist noch heute):
Menschen sind sowohl in Unternehmen wie in der Gesellschaft bereit,
für große Ziele Zugeständnisse zu machen. Aber jeder Einzelne muss verstehen, warum. Ohne Erklärung mit schlüssiger Begründung bleibt der
Zuspruch aus. Gleichzeitig verschleierte ich nicht, dass Geduld gefragt
war, die Maßnahmen schmerzen und die Veränderungen nicht allen Beteiligten schmecken würden. Ich war selbst mit einer hohen Investitions-
summe in die Unternehmung eingestiegen – bei einem Scheitern hätte
das einen nachhaltigen Einfluss auf meine und die Lebensqualität meiner
Familie gehabt. Das verschaffte mir trotz der Skepsis vieler Mitarbeiter
eine hohe Glaubwürdigkeit, sowohl was meine Überzeugung in die Qualität und das Potenzial des Unternehmens anbelangte als auch hinsichtlich der Langfristigkeit meines Management-Engagements. Und hier lag
ein bedeutender Unterschied zum klassischen, angestellten Management-
Team, für das üblicherweise faktisch kein wirkliches finanzielles Risiko
bestand. Meiner Ansicht nach sollte eine gut bezahlte Position im Unternehmen immer im Verhältnis zum persönlichen Risiko stehen. Dies ist
nur selten der Fall – insbesondere nicht bei größeren börsennotierten
Aktiengesellschaften. Das Verhältnis von Sicherheit und Risiko spielt bei
Unternehmern eine ganz andere Rolle als im Management. Es herrscht
eine andere Fallhöhe und darum geht man mit Risiken anders um. Das
ist auch einer der Gründe, weshalb Familienunternehmen tendenziell
nachhaltiger und erfolgreicher sind als börsennotierte Unternehmen.
Neben der sozialen und gesellschaftsmoralischen Verantwortung, die ein
anderes Fundament bildet, findet man dort in der Regel keine Spieler,
kein Wetten, kein Verstecken. Dennoch muss man auch als verantwor-

tungsbewusster Unternehmer immer wieder ins Risiko gehen, daran führt kein Weg vorbei.

Der Wandel ...

Die Gesamtsituation der Arbeitsplätze, das Schweigen, das ängstliche Wegducken, das zähe Verhandeln und Beharren zeigten mir bald: Im altehrwürdigen WLW-Stammhaus in Borgfelde war kein echter Wandel möglich. Die Gesellschafter bevorzugten zunächst einen Umbau des Hauses. Doch dadurch wäre kein modernes IT-Unternehmen mit Tech-Arbeitsplätzen entstanden, das talentierte Bewerber anlocken würde. Außerdem kleben in alten Gemäuern unablöslich alte Denkart und jede Menge Erinnerungen. „Weißt du noch, früher saß doch der Meier da drüben und die Müller im dritten Stock", und an der Frage, ob man nach dem Umbau noch Pflanzen im Büro züchten darf, wären wir wahrscheinlich zerbrochen. Selbstverständlich kann ein Start-up in einem alten Gebäude erfolgreich sein. Doch ein traditionelles, ge- und verwachsenes Unternehmen wie WLW musste für den Transformationsprozess zwingend die Räume verlassen.

Ich stellte mir als neue Fläche einen attraktiven Standort vor, an dem wir alle auf einer Ebene untergebracht sein sollten. Doch in der Belegschaft und auch beim Betriebsrat regte sich sofort neuer Widerstand. Es gab aus Sicht der Mitarbeiter gute Gründe gegen einen Umzug: Das Verschwinden des Schutzes von Einzelbüros und der jeweiligen Abteilung, die Streichung der kostenlosen Mitarbeiterparkplätze sowie der Wegfall der bequemen und kostengünstigen Kantine, darüber hinaus der Verlust der Vertrautheit, das Verlassen der gewohnten und bekannten Umgebung – das alles machte Angst.

Es zeigte sich: Das Vorhaben bedeutete für die Belegschaft – nach der Sorge um den Arbeitsplatz – wiederum maximale Verunsicherung. Der Aspekt Sicherheit gehört zum Menschsein, und ohne das Gefühl sicher zu sein, fühlen wir uns verloren – Jüngere vielleicht etwas weniger als Ältere. Menschen möchten Arbeit, bei der sie vor der Welle schwimmen und sie nicht Gefahr laufen, nach hinten gespült zu werden. Nach all den statischen Jahrzehnten versuchte die Belegschaft zuerst, sich gegen das unterbewusst brodelnde Gefühl drohender, gravierender Veränderungen zu stemmen. Mitarbeiter, selbst unterschiedlichster Abteilungen und Positionen, haben immer ein gutes Gespür dafür, wie es der Firma geht. Und der Glaube, bei WLW hätte es noch zwanzig Jahre unbeschadet weitergehen können, fehlte damals einigen. Doch das auszusprechen, wagte hingegen niemand, stattdessen wehrte man sich hartnäckig gegen die Erkenntnis. Selbst der Betriebsrat wusste, wenn wir nicht mitziehen, gefährden wir eventuell die gesamte Firma. Dennoch war der Widerstand groß, und man hat es mir nicht leicht gemacht.

In jeder Phase dieses Prozesses blieb ich trotzdem transparent, was meine Einstellung anbelangte. Als Unternehmer kann man schließlich nichts versprechen, hinter dem man nicht vollkommen steht. Gelingt es nicht, die Zusagen zu halten, wird es in der Folge immer schwieriger, und man erfährt hohe Einbußen an Glaubwürdigkeit, die nicht mehr wieder aufzuholen sind. Die einzige Möglichkeit besteht darin, deutlich erkennbar sein Redlichstes zu geben. Meine Erfahrung ist, am besten in jeder Situation fair und authentisch aufzutreten sowie berechenbar zu sein. Das erhöht die Akzeptanz, auch bei gravierenden Veränderungen, und ist stets Basis für ein Gespräch.

Der Wandel … wird sichtbar

Der erste, äußerlich bemerkbare Meilenstein der Veränderung war 2013 der Relaunch der WLW-Website. Außerdem gaben wir uns ein neues Logo – das alte symbolisierte noch ein „liegendes" Buch – und entfernten das Fragezeichen aus dem Firmennamen (vgl. Abb. 1).

Um das alte Team auf den neuen Spirit einzuschwören, formulierten wir darüber hinaus Company Values, das heißt Leitplanken für das Miteinander. Sie wurden nicht völlig frei entwickelt, sondern basierten auf

Abb. 1   Die Entwicklung des WLW-Firmenlogos

den anstehenden Herausforderungen, den Veränderungen, die es einzuleiten galt, und meiner Berufserfahrung. Es gibt keine guten oder schlechten Company Values, das vermittele ich auch heute noch neuen Mitarbeitern in jeder Einführungsveranstaltung, sondern die Values müssen zur Unternehmung und der jeweiligen Organisation passen. Unsere drei Company Values (vgl. Kap. 5):

1. Umsetzungsstärke
2. Offenheit und
3. Respektvoller Umgang

Als sich die Umzugspläne in die Hamburger Innenstadt konkretisierten, legte mir der Betriebsrat eine lange Liste an Gründen gegen einen Umzug und einen zwanzig Punkte-Katalog mit Mindestforderungen vor. Dazu gehörte selbstverständlich ein Mitarbeiterparkplatz. Wir zogen mit rund 80 Angestellten von ehemals knapp 100 am Hamburger Standort um. Und obwohl aufgrund der neuen Citylage die allermeisten Mitarbeiter öffentliche Verkehrsmittel hätten nutzen können und das ÖPNV-Ticket darüber hinaus von WLW übernommen wurde, mieteten wir fünfundzwanzig Parkplätze an, um für sofortige Beruhigung der Gemüter zu sorgen.

Auch für die Mittagessen-Versorgung fanden wir eine gute Lösung: Wir konnten das Kasino des damals benachbarten Axel Springer-Konzerns mitbenutzen und subventionierten die Mahlzeiten.

Die neuen Büroräume sind modern, hell und lichtdurchflutet. Die enge, dunkle und stickige Atmosphäre des alten Standorts war umgehend Geschichte. Leider erlaubte der neue Standort nicht, alle Mitarbeiter auf einer Ebene unterzubringen. Deshalb verbanden wir die angemieteten Etagen aufwendig, zeitintensiv und kostspielig mit einer innen liegenden Treppe, damit uns räumlich möglichst wenig trennt und niemand mehr in der Teeküche am Ende des Flurs sein – wortwörtlich – eigenes Süppchen kochen konnte. Stattdessen gibt es eine Küche, in der man zusammenkommen kann und muss und Leute trifft, denen man bei der täglichen Arbeit ansonsten nicht unbedingt begegnet.

Abteilungen, die inhaltlich miteinander zu tun haben, wurden räumlich verbunden. Einzelbüros schlossen wir zu größeren Einheiten zusammen. Heute ist jedes Büro durch Glaselemente einsehbar, auch das des CEOs. Und so sitze ich nicht mehr oben im Elfenbeinturm, sondern quasi neben dem Empfang, und mein Büro ist, wenn ich nicht da bin, für alle als Meeting-Raum nutzbar.

Mein Vorschlag, jeden Mitarbeiter mit einem Laptop auszustatten, damit sich jeder sich innerhalb der Firma auch einmal woanders hinsetzen kann, sorgte anfangs für neue Aufregung. Der Betriebsrat schritt ein, weil dies angeblich einen gewissen Druck ausübe, auch von zu Hause aus arbeiten zu müssen. Die Laptops wurden letztendlich für alle angeschafft, und alle schätzen inzwischen die daraus resultierende Beweglichkeit. Wir schufen Rückzugsräume, und viele nehmen inzwischen den Laptop mit nach Hause.

Ebenso stiegen wir von Blackberry auf iPhone um, damit wir zeitgemäße Standards erfüllen, und die Mitarbeiter die Technik, die sie privat benutzen, auch beruflich vorfinden. Und wir stellten frei, die Geräte auch privat zu verwenden, und statteten nicht nur Führungskräfte mit Mitarbeiter-Smartphones aus.

Darüber hinaus wurde in den neuen Räumen der Dresscode gelockert und die persönliche Anrede mit „du" eingeführt. Erneut starker Gegenwind. „Wir wollen uns weiterhin siezen", lautete die trotzige Reaktion. Ich blieb unnachgiebig und erklärte, ab sofort jeden Mitarbeiter zu duzen, jeder konnte sich zwischen du und Sie entscheiden. Der Betriebsrat siezte mich noch ein weiteres Jahr, ich duzte konsequent jeden Mitarbeiter, und irgendwann übte sich der neue Umgang allgemein ein. Diese vermeintlich banale Änderung war mir sehr wichtig. Nicht so sehr, weil ich gern jeden in meinem Umfeld duze, sondern vielmehr, weil ich davon überzeugt bin, dass das Duzen generell Distanz zwischen Hierarchieebenen reduziert. Mitarbeiter fragen und informieren Vorgesetzte unbeschwerter, zum anderen schafft man damit Nähe, Vertrautheit und ein Zusammengehörigkeitsgefühl. All dies war bei WLW damals dringend notwendig.

Auch die Hauspost wurde eingestellt, alle internen Informationen sind seit dem Umzug im neu geschaffenen Intranet abgelegt. Das heißt, jeder Mitarbeiter kann jederzeit alle firmenrelevanten Informationen einsehen, die richtigen Ansprechpartner finden und erfahren, wer an welchen Projekten arbeitet und wie die Zielsetzung lautet.

Dennoch blieben einige Herausforderungen bestehen. Zum Beispiel die offen gestalteten Arbeitsplätze: Angeblich konnte einem jeder über die Schulter sehen. Ebenso das Gebot, keine privaten Gegenstände im Büro aufzustellen oder an die Wände zu hängen. Mein Argument lautete, einen gewissen klaren Stil und Neutralität ausstrahlen zu wollen, damit sich unabhängig vom persönlichen Geschmack jeder wohlfühlen kann. Der klare Einrichtungsstil, das wandlungsfähige Mobiliar, die offenen Räume und Working Spaces sollten die neue Unternehmenskultur untermauern[4] und flexibles Zusammenarbeiten und spontanes Treffen unterstützen. Manche Veränderung entpuppt sich jedoch als extrem zäh und benötigt ausgesprochen viel Durchhaltevermögen. Kaum war ein Problem gelöst, tauchte an überraschender Stelle ein neues auf. So entwickelten sich ungewollt neue Statussymbole. Zunächst wurden Mitarbeiter, die ein entsprechendes ärztliches Attest vorweisen konnten, mit einem höhenverstellbaren Schreibtisch ausgestattet, der es erlaubt, sowohl im Sitzen wie im Stehen zu arbeiten. Mittlerweile sind alle unsere Arbeitsplätze mit solch einem Tisch versehen, denn diese Art von „Privilegierung" bestimmter Kollegen war nur schwer vermittelbar und führte zu unnötigen Diskussionen.

Die Aufgabenliste mit dem Ziel, das Unternehmen trotz emotionalen Gegenwinds zu einer modernen Internetfirma zu formen, wurde lang und länger. Immer wieder entfachten quälende Debatten mit wehmütiger Rückschau auf die frühere Unternehmensführung. Ein Jahr nach dem Umzug kam bei einer internen Umfrage heraus, dass 80 Prozent der Belegschaft den Umzug in das neue Büro als *die* einschneidende Erfahrung ihres Berufslebens empfanden. Die gleiche Umfrage drei Jahre später ergab: Niemand wollte zurück an den alten Standort. Heute führen wir monatlich Zufriedenheitsbefragungen aller Mitarbeitenden an allen drei Standorten durch. Die Ergebnisse werden im Intranet veröffentlicht und bieten einen sehr guten Indikator, was die Gesamtzufriedenheit anbelangt, sowie wichtige Hinweise auf zu verbessernde Bereiche. Das

---

[4] Das Erscheinungsbild eines Raumes ist Spiegelbild der Unternehmenskultur. Diese verdeutlicht sich bereits ab dem Zeitpunkt, an dem man das Unternehmen betritt. Ein Unternehmen kann seine Kultur aktiv entwickeln oder die Kultur organisch entstehen lassen. Es kann Arbeitsplatzdesign verwenden, um Kultur zu stärken – oder zu unterminieren. Vgl. Ingrid Gerstbach (2019). Innovationsräume. München. Hanser.

Thema Büroausstattung und Arbeitsumgebung ist dabei stets von tragender Bedeutung.

Verbündete

Doch zunächst waren der permanente Widerstand, die immerwährenden Auseinandersetzungen um jedes Detail häufig zermürbend. In Change-Prozessen muss man sich auf sehr lange Zeiträume einstellen. Mich hat es nicht geschreckt zu wissen, auch in sechs Monaten finden die meisten Mitarbeiter diese oder jene Maßnahme immer noch nicht super. Immerhin hatte ich den HR-Manager auf meiner Seite, der all diesen Themen offen gegenüberstand, weil seine Kinder in einem großen Internetkonzern in Berlin arbeiteten und er dort an einer Betriebsführung teilgenommen hatte. Damit war er mit der Vorstellungswelt, an der ich festhielt, vertraut und trug alle Entscheidungen aus innerer Überzeugung mit.

Zur Unterstützung hatte ich anfangs zusätzlich einen Interimsmanager für Product und Technology ins Haus geholt, denn auf sich allein gestellt kann man einen solch vielfältigen Kultur- und Aufgabenwandel nicht bewältigen. Man braucht jemanden, der genau an der Stelle auftaucht, an der man als Geschäftsführer gerade nicht sein kann. Jemand, der kleine Feuer gleich löscht, bevor sie einen Flächenbrand auslösen. Ich hatte für diese Rolle einen ehemaligen eBay-Kollegen gefunden, der erfahren und bereit war, diese herausfordernde Aufgabe anzunehmen. Damit war von Anfang an großes Vertrauen in seine Arbeit gegeben, und ich konnte so meine eigene „Führungsschlagzahl" verdoppeln. Denn die Geschäftsentwicklung wendet sich nicht über Nacht ins Positive, der Traffic zieht nicht unmittelbar an, die Kundenzufriedenheit verbessert sich nicht auf Anhieb und die Ergebnisse gehen nicht umgehend durch die Decke. Nicht nur Überzeugungskraft, um das Team mitzureißen, ist gefragt. Man benötigt ebenso Zutrauen und Selbstbewusstsein, immer an den eigenen, eingeschlagenen Weg zu glauben, dann übersteht man auch Langstrecken, bei denen sich nicht sofort eine positive Wende abzeichnet. Irgendwann aber keimen die ersten Anzeichen des Erfolgs.

Critical Mass

Zunächst gab es jedoch viele Rückschläge. Insbesondere einige neue Mitarbeiter kündigten rasch, weil sie mit den verkrusteten Strukturen und der Einstellung des alten Teams nicht zurechtkamen und nicht die Ausdauer aufbrachten – und als gefragte Arbeitskräfte nicht die Notwendigkeit sahen, den ungewissen Zeitraum der Transformation durchzustehen. Darunter waren fähige Leute, die aus den Abteilungen unverzüglich wieder herausgemobbt wurden, da das alteingesessene Team nicht bereit war, sich auf neue Kollegen, ihre Ideen und die daraus resultierenden Veränderungen einzustellen. Und die Hoffnung, so die Stabilität der bestehenden Arbeitsbedingungen zu erhalten, vertrieb allzu oft die neuen Einfälle und Impulse.

Eine wichtige Erkenntnis aus dieser Zeit: Wenn man veränderungsbereite, neue Leute ins Unternehmen holt, erhöht sich reflexhaft der Widerstand der alten Mannschaft, denn diese nimmt den Vorgang als Gefahr wahr. Will man bestehende Teams weiterentwickeln und eine frische Dynamik hineinbringen, benötigt man eine *Critical Mass* an veränderungsbereiten Mitarbeitern. Wenn diese nicht vorhanden ist, verhält sich die Masse per se träge und kompromisslos. Selbst mit Old-School-Führungsstil oder der spontanen Neigung, eine Art Befehl ausgeben zu wollen, erreicht man nichts. Obwohl mir ehrlich gesagt hin und wieder danach war. Denn selbst wenn ein neuer Kollege ins Team kam, der eine ähnliche Ausbildung und einen vergleichbaren Lebensentwurf vorweisen konnte, wurde dieser ausgegrenzt.

Die erste neue Mitarbeiterin, die ich bereits nach vier Wochen ins Boot geholt hatte, war eine Produktmanagerin. Sie hatte zuvor in London für einen Tech-Weltkonzern gearbeitet. Leider blieb sie nur zwei Monate. Eines Abends kam sie in mein Büro, zeigte sich zwar angetan von der Vision, die ich für WLW entwickelt hatte, aber der Rest überforderte sie. Das Team hatte ihr dermaßen viele Steine in den Weg gelegt, dass es für eine erfahrene und teamorientierte Managerin sinnlos war, weitere Versuche zu unternehmen. Das markierte einen brutalen Rückschlag, weil ich die Erfahrung ohne Weiteres auf andere Fälle übertragen konnte. An jenem Abend war ich wirklich ratlos, wie mit dem alten Team überhaupt jemals ein positives Momentum zu schaffen war, das alle motivierte, meinem Weg zu vertrauen. Ich suchte nach einem Ausweg aus der vertrackten Lage. Da wir zu diesem Zeitpunkt noch nicht an den neuen Standort gezogen waren, liebäugelte ich kurz mit der Idee, die Firma nach Berlin umzusiedeln. Das hätte etliche personelle Veränderungen ergeben, mit denen die Firma sicherlich schneller in den Transformationsprozess hätte einsteigen können. Unter anderem war es bereits 2012 in Hamburg äußerst schwierig, qualifizierte Tech-Mitarbeiter zu finden. Letztlich zogen wir doch „nur" innerhalb der Stadt um. Aber acht Jahre später, im Juli 2020, eröffneten wir zusätzlich zum Hamburger Büro einen Standort für 50 Mitarbeiter in Berlin Kreuzberg.

Aus der Auflösung des Firmensitzes in Borgfelde zog ich übrigens eine weitere Lehre: Das Inventar von Büros wird man kaum los, zumindest nicht gegen Geld. Einzig und allein das Diesel-Notstrom-Aggregat haben wir richtig gut verkauft.

Der erste grundlegende Wandel von WLW hat sich insgesamt über vier Jahre erstreckt. Dank des Wandels der bestehenden Unternehmung, des Hinzufügens von Erfahrung und Know-how vieler neuer Mitarbeiter ist es im Laufe der Zeit gelungen, das Unternehmen auf einen Wachstumskurs zu bringen. Der Umsatz hat sich seit dem Beginn des Veränderungsprozesse mehr als verdoppelt und aus einem sehr deutsch geprägten Unternehmen entstand eine internationale Company mit knapp 400 Mitarbeitern und mittlerweile Büros in Hamburg, Paris, Berlin und Münster.

4

Den entscheidenden Schritt voraus

Das Leistungsversprechen von WLW ist in all den Jahren unverändert geblieben, aber wir erfüllen es heute anders und besser. Den B2B-Anbietern von Produkten und Dienstleistungen auf der Website von WLW bringen wir neue Interessenten. Den weit mehr als eine Million Einkäufern, die jeden Monat die Website von WLW besuchen, bieten wir die professionelle Plattform für die beste Einkaufsentscheidung. Und das mit intelligenten Algorithmen und einer qualitativ hochwertigen Datenbank, sodass beide Seiten exakt zu einander passen und finden. Damals ein dickes Nachschlagewerk, heute die führende, künstliche Intelligenz (KI)-gestützte B2B-Plattform mit derzeit knapp 600.000 Anbietern, 9 Millionen Produkten, monatlich 1,3 Millionen Einkäufern und rund 75.000 Suchanfragen täglich.

Klar, in jeder Botschaft
Nach den Jahren der Umstrukturierung befindet sich WLW seit geraumer Zeit auf klarem Wachstumskurs. Die fast neunzig Jahre alte Grundidee – und das war und ist die Stärke der Marke WLW – hat sich seit Bestehen des Unternehmens nicht grundlegend geändert: Wir machen jede B2B-Firma im Netz für Einkäufer weltweit auffindbar.

© Springer Fachmedien Wiesbaden GmbH, ein Teil von Springer Nature 2020
P. F. Schmid, *Mission Wandel*, https://doi.org/10.1007/978-3-658-32175-8_4

Als in den 1960er-Jahren, die mit einem mehrsprachigen Index ausgestatteten Ausgaben erschienen, standen die WLW-Bände bereits in jeder deutschen Botschaft der Welt. So konnte der indische Fahrzeughersteller, wenn er auf der Suche nach einem speziellen Federbein war, mögliche Lieferanten in Deutschland mehrsprachig nachschlagen. Das Ganze war zwar nicht unkompliziert, aber es war schon damals möglich, dank WLW an bestimmte, hochrelevante und einzigartige Informationen zu gelangen, die einem ansonsten verwehrt geblieben wären. Insgesamt beschreibt das den Anfang des globalen Handels, wie wir ihn seit den späten 1990er-Jahren kennen.

Darum ist das Leistungsversprechen unter den Voraussetzungen des technischen Fortschritts gut weiterzuspinnen: WLW wird künftig mehr und mehr global agieren und hat bereits 2016 mit dem Kauf von EUROPAGES S.A., das am Standort Paris und einer lokalen Organisation in Belgien mehr als fünfzig Mitarbeiter beschäftigt – der führenden europäischen B2B-Plattform mit sechsundzwanzig Sprachversionen, drei Millionen registrierten Firmen sowie weltweit über zwei Millionen Einkäufern monatlich – den nächsten logischen Schritt unternommen, um sein Handlungsgebiet weit über Deutschland, Österreich und die Schweiz hinaus auszuweiten und für die Kunden sicherzustellen, dass man sie im Web weltweit findet.

Damit haben wir uns auf die Reise begeben, unserer globalen Vision „B2B in Europe starts with us" ein Stück näher zu kommen. Denn WLW- und EUROPAGES-Kunden erreichen seither über zwei Plattformen weltweit mehr als drei Millionen Einkäufer monatlich. WLW ist mit der Übernahme von EUROPAGES zu einem international agierenden Internetunternehmen gewachsen.

www oder WLW

Bisweilen reagieren unsere Kunden folgendermaßen: „Aber ich habe doch schon eine Homepage." Allerdings ist das vergleichbar mit einem Ladengeschäft, das sich darauf verlässt, dass die Kunden schon irgendwann vorbeikommen werden. Lokal mag das möglicherweise zutreffen, nicht aber weltweit. In einem Universum von derzeit knapp 1,8 Milliarden

Websites,[1] in dem Google sehr stark determiniert, welche Seite die Kunden finden, ist die Wahrscheinlichkeit, als superspezialisierter Fräsmaschinenhersteller aufzufallen, eher gering. Das heißt, gutes Image und gigantische Reichweite des worldwide web hin oder her: Für die Online-Welt existieren die allermeisten Firmen überhaupt nicht oder sind für den Suchenden faktisch nicht auffindbar. Hier bieten wir zwei Plattformen an. Wir sorgen dafür, dass die Firmendaten stets aktuell und unsere Kunden, die Mittelständler, bei Google und auf anderen Sites zu finden sind. Dank neuer Mitarbeiter in der Programmierung und Produktentwicklung besteht für den Anbieter zudem die Möglichkeit, beispielsweise Videos, Kataloge, Zertifikate und Referenzen hochzuladen. Ein Reporting-Tool zeigt, wie viele Interessenten wie oft das eigene Angebot angefragt haben und aus welchen Regionen Europas sie stammen. Wir haben nach und nach ein Service-Portfolio aufgebaut, damit wir heute maximale Reichweite versprechen können, um in diesem riesigen internationalen Internetkosmos auch als kleines oder mittelständisches Unternehmen zu finden zu sein. Kurz, die WLW-Produktpalette digitalisiert das Marketing und den Vertrieb des Mittelstands.

Im Fokus: der Kundenwunsch

Der ökonomische Strukturwandel und die Prämisse, das Unternehmen aus Kundensicht aufzubauen und Kundenwünsche in den Mittelpunkt zu rücken, traf WLW zunächst hart, und den Mitarbeitern fiel es zuerst nicht leicht zu akzeptieren, künftig den Nutzer unseres Produkts entscheiden zu lassen, wie es sich zu entwickeln hat. Start-ups ohne Historie, ohne große Umsätze und damit Abhängigkeiten von Kunden und „Tech-Kultur", können in diesem Punkt sehr viel unvoreingenommener, schneller und mutiger agieren. Denn die Geschäftsidee gehört wie selbstverständlich zur DNA. Unsere „alte" DNA aber spuckte zunächst immer wieder aus: „Ich bin ein Nachschlagewerk mit alphabetischer Sortierung".

Führte man in der Vergangenheit eine Suche auf unserer Plattform durch, wurde das Ergebnis, also die für das Suchergebnis relevanten Fir-

---

[1] Internet statistic facts 2020, www.websitehostingrating.com/de/internet-statistics-facts/. Zugegriffen 20.09.20.

men, wie zu Gründerzeiten von A bis Z dargestellt. So funktioniert das Internet jedoch nicht mehr. Die Einkäufer wollen und müssen die für sie relevantesten Ergebnisse, das heißt für ihre Suche passendsten Firmen und Produkttreffer, in der entsprechenden Logik angezeigt bekommen: ein Paradigmenwechsel für WLW. Dies entspricht den Anforderungen des Suchenden, doch der ein oder andere altgediente Anbieter tat sich schwer mit dieser Form der Sortierung. Denn die alphabethische Nummer eins, die Aalhaus KG, war seit Jahrzehnten begeistert, an erster Stelle aufzutauchen. Die Diskrepanz zwischen den Interessen des Anbieters und den Erwartungen des Suchenden stellte uns vor eine besondere Herausforderung. Der Kunde musste gewohnte Muster verlassen, damit der suchende Einkäufer zufriedener ist, häufiger das Angebot ausführlich nutzt, und das wiederum für einen größeren Benefit des Anbieters sorgt.

Sofort und einfach

Zudem unterliegen wir, wie jede andere Internet-Company, der Erwartung kontinuierlicher Verbesserung unserer Leistungen. Entscheidend dafür ist ein Aspekt, den es in der Vergangenheit nicht gab: Früher existierte eine klare Trennung zwischen der Konsumentenwelt und der Businesswelt: Die eigenen Regeln der Geschäftswelt, die komplexen Prozesse und die oftmals kompliziertere, wenig nutzerorientierte Technologie waren einst allgemein akzeptiert. Heute heißt es: Internetgestützt muss alles sofort und einfach funktionieren. Das stellt völlig neue Anforderungen an ein B2B-Unternehmen. Der Maßstab ist nicht mehr nur der B2B-Wettbewerb oder die veraltete SAP-Benutzeroberfläche, sondern die im privaten Bereich durch exzellente Konsumenten-Webseiten geschürte Erwartung. Dies hat weitreichende Konsequenzen. Kein B2B-Unternehmen kann mehr verlangen, dass die über die Jahre und für viel Geld entwickelten Oberflächen ewig genutzt werden. Die Ansprüche haben sich exponentiell erhöht.

„Das machen wir schon immer so" ist bei uns kein Argument (mehr!)

Um das Unternehmen als Ganzes neu zu justieren, entwickelten wir bereits 2013 Leitsätze, an denen sich das neue Denken und Handeln jedes Einzelnen orientieren konnte:

1. *Wir stellen Handel und Handelnde in den Mittelpunkt.*

Wir wollen Menschen und ihr Geschäft wirklich verstehen. Dabei sind wir für Anbieter und Suchende gleichermaßen da. Wir denken zuerst an den Menschen, dem wir mit unserem Wissen besser dienen können.

2. *Wir verbinden Menschen.*

Wir verstehen B2B als Beziehung zwischen Menschen und sorgen dafür, dass sie einfach zusammenfinden. Kooperation und Kollaboration bestimmen unser Handeln nach innen und außen. So können wir viele gute „Matches" für unsere Nutzer ermöglichen.

3. *Wir lieben es einfach einfach.*

Unsere Plattform muss bedienfreundlich sein und mit einfacher Benutzerführung überzeugen. Das heißt, wir verzetteln uns nicht im Detail. Unser Ziel: Wir machen es unseren Kunden bei jedem Kontakt mit WLW einfach.

4. *Gute Daten sind unser Treibstoff.*

Daten sind unsere Stärke und ihre Qualität unser wichtigstes Gut. Sie sind überzeugender als Meinungen.

5. *„Das machen wir schon immer so" ist bei uns kein Argument.*

Wir probieren Neues aus, kennen den Puls der Zeit und arbeiten agil. So reagieren wir schnell auf Probleme und setzen Lösungen zeitnah um.

Der richtige Vergleich

Zu Zeiten meines Einstiegs bei WLW wurde als Referenz immer der direkte Konkurrent herangezogen. Der Vergleichsmaßstab war stets der bereits aus vergangenen Tagen bekannte Wettbewerber im gleichen Verzeichnismedien-Verband, zum Beispiel „Kompass", „Das ABC der deutschen Wirtschaft" oder andere B2B-Medien. Anfangs fiel vielen Leuten im Unternehmen schwer zu verstehen, dass dies schon längst nicht mehr die Konkurrenz war.

Werde ich heute gefragt, mit wem wir konkurrieren, verwende ich den Begriff des *share of wallet*,[2] also wie viel Prozent des Budgets meines Kunden für WLW vorgesehen sind. Die Ausgaben unserer Kunden können unter Umständen breit gefächert sein: klassische Medien, teilweise sogar noch Printmedien, andere Internetanbieter und insbesondere Messeauftritte. Auch Messegesellschaften müssten begreifen, dass sie nicht im Wettbewerb mit einer anderen Messe stehen, sondern mit Internetdienstleistern wie uns. Die Messe-DNA lautet: Unser Geschäftsfeld ist, Fläche zu vermieten. Sicher, Messegelände werden nicht einfach verschwinden – Menschen wollten sich seit Hunderten von Jahren zum Handel treffen und miteinander sprechen, d.h. der persönliche Austausch wird auch weiterhin ein wichtiger Bestandteil im Aufbau und Pflegen von Geschäftsbeziehung bleiben. Trotzdem muss man sich fragen, ob man gigantische Maschinen einmal um den ganzen Globus transportieren lassen muss, um sie oftmals nur wenige Tage irgendwo aufzustellen, damit wiederum Menschen aus aller Welt dorthin fliegen, um sich diese Maschinen anzusehen. Dies wird sich allein schon aus ökologischen Gründen (CO_2 Emission) ändern müssen. WLW und EUROPAGES tragen schon heute dazu bei, weil sich die Nutzer die Produkte erst mal bei WLW ansehen können, bevor sie in den Flieger steigen. Den Messegesellschaftern, häufig unter städtischer oder Landes-Beteiligung, möchte man eine Änderung des Blickwinkels anraten: Schließlich geht es nicht darum, die Konkurrenz auszustechen, sondern

---

[2] Share of wallet is the percentage („share") of a customer's expenses („of wallet") for a product that goes to the firm selling the product. Different firms fight over the share they have of a customer's wallet, all trying to get as much as possible. Typically, these different firms don't sell the same but rather ancillary or complementary product. Quelle: Wikipedia (o. J.). https://en.wikipedia.org/wiki/Share_of_wallet. Zugegriffen 20.09.20.

darum zur Verbesserung der Beschaffungswege beizutragen. Das Argument, die Maschinen vor Ort ansehen zu wollen, wird durch neue Technologien wie beispielsweise Virtual-Reality-Technologie (VR) immer schwächer. Man kann bereits heute Anwendungen derart gestalten, dass der User das Gefühl hat, direkt vor der gigantischen Druckmaschine zu stehen, ohne dafür die eigene CO2-Bilanz zu belasten. Wenn ich fünf Jahre in die Zukunft schaue, wird WLW die Produkte unserer Anbieter im Einsatz erlebbar machen – ein virtueller Werksbesuch beim Hersteller wird dadurch möglich. Seit der Corona Krise und den daraus resultierenden Folgen für Reisen und Veranstaltungen aller Art, wird sich der prognostizierte Wandel hin zum virtuellen Messebesuch noch beschleunigen, zumal aktuell noch völlig unklar ist, welche realen Messen nach der Corona-Krise überhaupt zurückkehren werden. Aktuelle Untersuchungen[3] des ifo Instituts belegen aber bereits jetzt, dass rund 40 Prozent aller Industrieunternehmen ihr Messe-Engagement zukünftig verringern oder ganz aufgeben wollen.

Online Business made easy

Jahrzehntelang war Deutschland Exportweltmeister und ist der größte Profiteur der globalen Märkte. Weit mehr als die Hälfte der WLW-Kunden exportiert auch seine Waren. Und ich war von Anfang an vom Wachstum dieses Anteils überzeugt. Als ich ins Unternehmen einstieg, erachtete ich das Internet als Turbobeschleuniger des Welthandels und war sicher, dass es sich zu einem noch größeren Hebel für die Industrie entwickeln würde. Daher war mein klarer Plan, WLW mittelfristig zu internationalisieren. Das ist technisch und inhaltlich überaus aufwendig, dennoch verfolgte ich dieses Ziel von Beginn an.

Mit dem Wechsel des Haupteigentümers im Jahr 2017, die Schweizer Beteiligungsgesellschaft *Capvis* erwarb die Anteile von Paragon Partners, konnte nun die Internationalisierung weiter vorangetrieben werden.

---

[3] Die Messegesellschaften müssen sich nach Corona auf ein schwierigeres Geschäft einstellen. 39 Prozent der deutschen Industriefirmen, die bislang auf Fachmessen ausgestellt haben, wollen ihre Teilnahme verringern. Das geht aus der ifo Konjunkturumfrage im August 2020 hervor. Quelle: ifo Pressemitteilung 09.09.2020.

Die Zukunft und die Sprache

Ein wichtiger Aspekt ist die Sprache. Englisch hat sich als globale Internetsprache bereits durchgesetzt. Für viele mittelständische Unternehmen ist das heute jedoch noch nicht Standard. Deshalb bin ich überzeugt, dass für die Beschleunigung des Welthandels die Simultanübersetzung im Netz (eines der größten Tech-Themen unserer Zeit) bei der Kommunikation zwischen B2B-Unternehmen ein weiterer Beschleuniger sein wird. Ich rechne damit, dass man sich in wenigen Jahren beispielsweise mit einem Chinesen am Telefon mehr oder weniger problemlos in Echtzeit verständigen kann. Das Verschwinden der Sprachbarriere wird dem globalen Handel noch einmal einen deutlichen Antrieb verleihen. Wir sehen unsere Kernstärke darin, mit den europäischen Sprachen nahezu den gesamten Markt abzudecken. Das ist nicht nur pragmatisch gedacht, sondern bedient auch den Wunsch von Anbietern und Interessenten nach Individualität und Wertschätzung der jeweils eigenen Sprache.

Schon heute verwenden wir ein Tool, das selbst ausgefallenste Fachbegriffe wie Gewindemuffe oder Schneidhülse zuverlässig in sechsundzwanzig Sprachen übersetzt. Dennoch wollen wir künftig ein Sprach-Assistenten-System einführen, das darüber hinaus Schriftsprache – egal welcher Nationalität – in Echtzeit übersetzt.

Ein Netz voller Weltmarktführer

Bereits jetzt kann man mit einem Unternehmen für Spezialbohrer im Bayerischen Wald sitzen und hat die enorme Chance, sich via Internet den Weltmarkt zu erschließen. Man kann sogar im Bayerischen Wald bleiben und zum Weltmarktführer heranwachsen. Man kann Kunden im hintersten Winkel der Erde erreichen und alles vollkommen simpel abwickeln, ohne einen einzigen Schritt vor die Tür zu machen – und das zu geringen Kosten. Diese Dimension hat die Tech-Welt in nur zwanzig Jahren erreicht. Für uns ist das ein großer Ansporn: Wir erledigen unsere Arbeit nicht nur, um wirtschaftlich erfolgreich zu sein, sondern um einen Beitrag dazu zu leisten, unsere Kunden und damit auch die Weltökonomie voranzubringen, indem wir den Absatz von B2B-Produkten und Dienstleistungen digitalisieren.

Wachstum ist kein Selbstzweck

Immer wieder erkläre ich in unseren regelmäßigen Town Hall Meetings, beziehungsweise seit Corona in Company Updates per Videokonferenz, die ein bedeutender Kanal für den direkten und unmittelbaren Austausch mit den Mitarbeitern sind: Wachstum ist wichtig und kein Selbstzweck. Wachstum ist essenziell für unsere Unternehmung, damit wir im globalen Wettbewerb Schritt halten können. Die Großen der New Economy nutzen ihr Wachstum vollständig, um zu reinestieren und sich einen Vorteil zu verschaffen. Zudem lautet die Individual-Perspektive von Wachstum: Unternehmen, die wachsen, können ihren Mitarbeitern kontinuierlich neue und herausfordernde Aufgaben bieten. Ist das nicht gegeben, verlassen gerade die größten Talente das Unternehmen. Das habe ich bei eBay beobachten können, als das Wachstum sich verringert und die neue Unternehmensstars wie beispielsweise Google und Facebook mit teilweise dreistelligen Wachstumsraten aufwarteten. Wirtschaftliches Wachstum ist also auch für die persönliche Entwicklung wichtig. Und: Wachstum verliert auch künftig nicht an Bedeutung, denn ökonomisch ist es die entscheidende Wettbewerbskraft. Unsere Branche erfordert eine kontinuierlich hohe Innovationstätigkeit. Es muss in Forschung und Entwicklung (F&E, bzw. im englischen R&D) investiert werden – das gelingt nur durch Wachstum. Viele Unternehmen hierzulande sind immer noch zu zurückhaltend. Allein Amazon investierte in den vergangenen zwölf Monaten mit 38,5 Milliarden Dollar (+21,5 % gegenüber dem Vorjahr)[4] mehr in R&D als die gesamte deutsche Automobilindustrie zusammen. Denn der Konsument entscheidet sich immer für das innovativste Produkt, zum Beispiel das Handy mit der besten Kamera oder das Elektroauto mit der besten Batterie und der größten Reichweite. Echte

---

[4] Quelle: Macrotrends (2020). Amazon Research and Development Expenses 2006–2020. www.macrotrends.net/stocks/charts/AMZN/amazon/research-development-expenses. Zugegriffen 20.09.20.

Innovation und deren neuer Nutzen werden bevorzugt und dafür wird Wachstum benötigt.

Verschärfter Wettbewerb

Das Internet mit seiner supranationalen Struktur eröffnet Konzernen die Möglichkeit, supranational agieren zu können. Datenschutzrestriktionen eines Landes werden gegen die eines anderen Staates ausgespielt. Mit der Einführung der Datenschutz-Grundverordnung[5] (DSGVO) sollte hier ein neuer verbindlicher Standard gesetzt werden. Eine gute Intention führte zu einem weiteren Vorteil für bereits große starke Onlinespieler. Denn bei der Nutzung von Diensten großer Internetkonzerne stimmt der Nutzer automatisch den Geschäftsbedingungen zu und hat de facto keine Kontrolle mehr, was mit seinen Daten geschieht – auch die allerprivatesten Dinge, die im Internet geteilt werden, sammeln Unternehmen wie beispielsweise Google. Ob Suchanfragen, Adressen, Fotos, Nachrichten, Einkäufe – Datenschutz: meist Fehlanzeige. Und wer will noch auf die meist kostenlos bereitgestellten Services verzichten? Wie beispielsweise die allgemeine Google-Suchmaschine, Google Earth (kreiert Satelliten- und Luftbilder), Google Maps (ein umfangreiches Kartenarchiv), welches weitgehend dank Kameraaufnahmen vor Ort auch interaktiv verfügbar ist, der Internetbrowser Chrome/Chromium, Google-Mail/ Gmail, das Betriebssystem Android, Google Analytics (das führende Tool zur Webseiten-Analyse) und so weiter.

Für Internetunternehmen wie uns sind allerdings Spielregeln entscheidend, die von allen Beteiligten gleichermaßen eingehalten werden. Andernfalls führt das zu massiven Wettbewerbsverzerrungen mit dramatischen Folgen. Die globalen Top-Konzerne der westlichen Hemisphäre (Google/Alphabet, Amazon, Apple und Facebook) haben eine Vormachtstellung erlangt, die nicht mit der von Konzernen des 20. Jahrhunderts

---

[5] Die DSGVO ist eine Verordnung der Europäischen Union, mit der die Regeln zur Verarbeitung personenbezogener Daten durch die meisten Datenverarbeiter, sowohl private wie öffentliche, EU-weit vereinheitlicht werden. Dadurch soll einerseits der Schutz personenbezogener Daten innerhalb der Europäischen Union sichergestellt, und andererseits der freie Datenverkehr innerhalb des Europäischen Binnenmarktes gewährleistet werden. Die DSGVO bildet seit dem 25. Mai 2018 den gemeinsamen Datenschutzrahmen in der Europäischen Union.

zu vergleichen ist. Führt diese globale Macht zu Konsequenzen, die sich langfristig für alle Gesellschaften ausgesprochen nachteilig auswirken? Die vier US-amerikanischen Top-Konzerne zahlen bekanntlich kaum Steuern[6] in Europa. Zudem erwerben diese Konzerne bedeutende Innovation auf dem Markt umgehend, um die eigene Dominanz nicht zu gefährden. Die Strategie lautet nicht, sachlich-unternehmerischen Nutzen zu generieren, sondern Schaden von der Vormachtstellung abzuwenden. Und dann scheint fast jeder Preis gerechtfertigt. Eine vollkommen andere Form der Logik, des Wirtschaftens und der Wirtschaftskultur als noch vor zehn Jahren, als die Marktbewegungen auch reinigende Wirkung hatten und sich im Gegenzug neue Firmen ansiedeln konnten. Retrospektiv betrachtet eine gute Entwicklung. Über diese Problematik wird inzwischen diskutiert, aber es stehen Partikularinteressen gegen Gemeinwohl.

Darüber hinaus haben wir es mit einer neuen Form des Protektionismus der USA und China für ihre Internetgiganten von Alphabet bis Alibaba, von Amazon bis Tencent zu tun. Übrigens weist Alibaba in seiner 1995 von Jack Ma gegründeten Urform namens *China Pages* etliche Parallelen zu WLW auf. Alibaba startete mit dergleichen Idee – der Nucleus war ein Äquivalent zu EUROPAGES und WLW – nämlich Chinas B2B-Unternehmen im Internet auffindbar zu machen, und das ist bis heute so geblieben. Seit 2018 kauft der Konzern auch deutsche Start-ups. Selbst für ein Unternehmen unserer Größenordnung wird die Bewegung zu einer Gefahr. Andererseits sind nur wenige Spieler wie Alibaba in der Lage, die aktuelle US-amerikanische Dominanz und die Monopolstellung der dortigen Top-Player zu brechen, beziehungsweise für den gesunden Wettbewerb zu sorgen.

---

[6] Handelsblatt 31.12.2019: Die Google-Mutter Alphabet will umstrittene Steuerschlupflöcher ab 2020 nicht mehr nutzen. Die als „Double Irish, Dutch Sandwich" bekannte Praxis solle mit dem Jahr 2019 enden, teilte Google mit. 2018 hat Google 21,8 Milliarden Euro über diesen Weg aus Europa herausgeschleust. Alphabet transferierte diese Summe über die Niederlande auf die Bermudas, wie aus Dokumenten an die niederländische Handelskammer hervorgeht. Auf den Bermudas fällt für Unternehmen keine Einkommensteuer an. 2017 hatte Google knapp 20 Milliarden Euro dorthin transferiert.

Die europäische Politik sollte den Entschluss fassen, ihrerseits Spielregeln durchzusetzen, also das *level playing field*[7] zu bereiten. Wir benötigen für Europa nicht einmal mehr Vorschriften als bisher, sondern bloß, dass die bestehenden eingehalten werden. Nur dann können die Marktkräfte vieles regeln. Solange es kein wahres *level playing field* gibt, obwohl das immer suggeriert wird, geht es nicht fair zu. Die Folgen sind sowohl ökonomisch wie auch gesellschaftlich bedrohlich.

---

[7] The level playing field is a trade-policy term for a set of common rules and standards that prevent businesses in one country gaining a competitive advantage over those operating in other countries. It's about fair and open competition and it's an important part of the EU single market. Quelle: https://www.bbc.com/news/51180282. Zugegriffen 20.09.20.

5

Wie wollen wir zukünftig zusammenarbeiten?

Im Rahmen des weiteren Transformationsprozesses stellte sich mir die bedeutende Frage, wie wir als Organisation in Zukunft zusammenarbeiten wollen. In der Vergangenheit hatte ich eine Reihe von Firmen kennengelernt, die ihre Philosophie, ihre Regeln, und Werte, neudeutsch ihre Values, in großen goldenen Lettern direkt am Eingang präsentierten. In den wenigsten Unternehmen wurden sie wirklich in vollem Umfang von den Mitarbeitern gelebt. Deshalb war es mir wichtig, verständliche und konkrete Wertmaßstäbe unserer Arbeit einzuführen, die ich in meiner langjährigen Erfahrung gesammelt und als relevant befunden hatte. Bereits 2013 formulierten wir die folgenden drei Company Values, um einerseits das alte Team auf den neuen Spirit einzuschwören, andererseits neue Mitarbeiter für uns zu gewinnen und um die Spielregeln klar und transparent festzulegen. Dazu wurde entsprechend formuliert: „Wer sie nicht einhält, wird in unserem Unternehmen keine Zukunft haben". Im Rahmen des Onboardings[1] neuer Mitarbeiter halte ich jeden Monat eine Präsentation, bei der die Vorstellung und Erklärung dieser Values der

---

[1] Die Definition von Onboarding ist abgeleitet von *Taking On Board*: „Das Einstellen und die Aufnahme neuer Mitarbeiter durch ein Unternehmen und vor allem alle Maßnahmen, welche die Eingliederung fördern." Quelle: www.myonboarding.de/magazin/onboarding-neuer-mitarbeiter-eine-definition. Zugegriffen 20.09.20.

© Springer Fachmedien Wiesbaden GmbH, ein Teil von Springer Nature 2020
P. F. Schmid, *Mission Wandel*, https://doi.org/10.1007/978-3-658-32175-8_5

wichtigste Bestandteil ist, um auch allen neuen Kollegen zu verdeutlichen, wie elementar die Spielregeln für uns sind:

1. Wir sind umsetzungsstark

Wir geben das Beste für unsere Nutzer und für uns selbst. Wir treffen Entscheidungen schnell. Wir sind aktiv und nicht passiv: Wir gestalten unsere Zukunft und gehen voraus. Wir handeln stets eigenverantwortlich, identifizieren uns mit unserem Tun und prüfen und hinterfragen unsere Arbeit kontinuierlich. Denn jeder von uns ist intelligent genug, aktiv zu gestalten und zu reflektieren. Wir wollen uns einbringen, statt Tätigkeitslisten abzuarbeiten.

2. Offenheit

Wir behandeln Themen transparent, und sprechen die Dinge offen an. Flurfunk, sagen Studien, ist sinnvoll. Wir finden, Transparenz ist sinnvoller. Wir wollen ohne Tabus und offen miteinander sprechen. Das gibt uns den entscheidenden Vorteil, schnell agieren zu können. Das Besprochene halten wir ein. Nach innen und außen soll das, was wir sagen, Gewicht haben – kein Geschwafel, keine Worthülsen, sondern Aussagen mit Bedeutung. Wir kommunizieren direkt und konstruktiv, fordern Meinungen aktiv ein und geben Feedback. Wir kommunizieren auf Augenhöhe und finden im Diskurs die bessere Lösung. Feedback nutzen wir, um gemeinsam voranzukommen.

3. Respektvolles Miteinander

Ein Satz, den wir mit Leben füllen wollen. Wir arbeiten gemeinsam an einem Team, das gern miteinander arbeitet. Jeder Einzelne ist sich der Auswirkungen der eigenen Arbeit bewusst – wir arbeiten kooperativ und rücksichtsvoll. Das heißt auch: Wir sind ehrlich zu uns selbst und zu anderen.

Zahlentransparenz

Die drei so definierten Attribute handlungsorientiert, offen und respektvoll sind eng miteinander verknüpft und ziehen in jedem Bereich des Unternehmens weite Kreise. Zum Beispiel bei den Zahlen. Jeder Mitarbeiter kann und sollte konkret wissen, wo die Firma zu jedem Zeitpunkt steht. Diese Art von Transparenz war beim einstigen WLW undenkbar. Wie es der Unternehmung ging erfuhr man am Jahresende – und nur, wenn man zu den Führungskräften gehörte. Als ich gleich zu Anfang alle Kollegen über den Zustand der Firma und der finanziellen Situation informierte, konnten viele nicht glauben, dass diese Zahlen künftig regelmäßig geteilt werden würden. Nach einer Phase der Verwunderung, ist dies heute ein wichtiger Bestandteil transparenten Kommunizierens im Unternehmen.

Bei den regelmäßigen Company Meetings beleuchte ich alle wichtigen KPIs, also Erfolgsfaktoren wie Umsatz, Kundenentwicklung, Nachfrage und Nutzungszahlen unserer beiden Websites, Anzahl der Kunden – und sogar Gewinn – im Vergleich zum Vorjahr und vor allem verglichen mit unserem Budget, also der eigenen Zielsetzung, sodass jeder Einzelne informiert ist, wo wir stehen und auch am Ende des Jahres zum Beispiel nicht überrascht sein kann, ob Boni ausgeschüttet werden oder nicht.

Objectives and Key Results

Außerdem managen wir WLW mittlerweile über *OKR*[2] (Objectives and Key Results), das heißt quartalsweise festgelegte Objectives, die sich aus unseren Jahreszielsetzungen ableiten – Quartalsziele, die für jeden Bereich definiert und gemessen werden. OKRs sind bei US-amerikanischen

---

[2] OKR ist ein englisches Akronym, das für Objectives und Key Results steht. Im heutigen Verständnis steht OKR für drei Aspekte: 1.) OKR ist ein Format, um Ziele zu formulieren und zu kommunizieren. 2.) OKR ist ein Zielsystem, das lang- und kurzfristige Ziele sowie Zielsetzungen unterschiedlicher Teams synchronisiert. 3.) OKR ist ein agiler Prozess, geprägt von Kontinuität und einer hohen Einbindung der Mitarbeiter. Das Zusammenspiel dieser drei zentralen Aspekte macht die OKR-Methode zu einem wirkungsvollen Führungswerkzeug und Organisationsmodell, das auch unabhängig von bestehenden Strukturen funktioniert. Quelle: https://digitaleneuordnung. de/blog/okr-methode/. Zugegriffen 20.09.20.

Technologieunternehmen wie Google, Intel oder Adobe mittlerweile fester Bestandteil der Unternehmenssteuerung. Doch die OKR-Logik ist nicht bloß unternehmensstrategischer Trend, sondern ein wirkungsvolles Führungswerkzeug und Organisationsmodell, das sich inzwischen nicht nur in der Tech-Industrie, sondern auch bei immer mehr größeren Mittelstandsunternehmen durchsetzt, was für eine Änderung der Kultur und Führung einer Unternehmung sorgt. Wir haben uns dazu entschieden, die OKR-Logik und ihre Arbeitsweise einzuführen, um unternehmerisch und führungstechnisch das nächste Level zu erreichen. Eigentlich benötigt man für die Umstellung rund ein Jahr, aber wir mussten schneller sein. Am Anfang wirkt das Verfahren sehr mühselig, weil Vieles, gerade die klare Formulierung von Objektives und die genaue Festlegung von relevanten KPIs für alle neu zu erlernen war. Doch auf dem Weg der Weiterentwicklung und stetiger Professionalisierung stellte die Umstellung auf die neue Methode noch mal einen substanziellen Fortschritt dar, um mit der rasanten dynamischen Entwicklung mithalten zu können. Und auch, um professionelle Mitarbeiter anzuziehen, die heutzutage diese neue Methode kennen, schätzen und nicht mehr anders arbeiten wollen. Denn der Anspruch insbesondere junger Mitarbeiter ist stark partizipativ und selbstbestimmt.

Mittlerweile befinden sich unsere OKRs für alle einsehbar im Intranet und werden wie bereits erwähnt regelmäßig in unseren Company Meeting vorgestellt, damit jeder weiß, woran die Unternehmung arbeitet, was gerade programmiert wird und woran der Erfolg, beziehungsweise der Fortschritt zu erkennen ist. Unser Intranet bietet also jederzeit einen vollständigen Überblick über die wichtigsten Kennzahlen und Projekte des Quartals – bis hin zur langfristigen Strategie, sodass kein Mitarbeiter sagen kann: Wenn ich das gewusst hätte, hätte ich vielleicht anders agiert, beurteilt oder etwas ganz anderes gemacht. Darüber hinaus herrscht Transparenz über Entscheidungen und das reicht bis zu Begründungen einer Beförderung.

Noch vor zwanzig Jahren wäre es undenkbar gewesen, den Gewinn des Unternehmens für alle transparent darzustellen. Doch wir gehen noch weiter und legen nicht nur die Gewinngrößen, sondern auch die Ausschüttungen und Reinvestitionspläne offen. Unser Transparenzniveau ist extrem hoch und setzt starkes Vertrauen voraus. Aus meiner Sicht ist das zwingend, damit alle Mitarbeiter an einem Strang ziehen. Dennoch bestehen immer auch grundlegende Bedenken, wie mit so viel Offenheit umzugehen ist. Wenn Abteilung A zum Beispiel ein gewisses Budget für eine Maßnahme erhält, das Ziel jedoch nicht erreicht wird, sodass Abteilungen B und C keinen Bonus zu erwarten haben, würden die Mitarbeiter von Abteilung A am liebsten auf die Veröffentlichung der Ergebnisse verzichten. Aber Transparenz wird ja gerade dann interessant, wenn sie den eigenen Bereich betrifft. Großer Gestaltungsspielraum bedeutet eben auch immer großen Rechtfertigungsdruck.

Objectives and Key Results Director's Cut

Change bedeutet, dass sich auch der Geschäftsführer immer wieder anpassen muss. Im Rahmen der bei uns eingeführten OKR-Praxis fällt mir bisweilen auf, wie herausfordernd das für mich persönlich im Steuern der Unternehmung ist, weil mein operatives Eingebundensein insgesamt oder oftmals viel geringer ausfällt als aus der Vergangenheit gewohnt. Zunächst war meine Rolle bei WLW: Der top-down Macher, der neue Strukturen und Ziele vorgab und gegen Widerstände arbeitete. Mittlerweile ist ein anderer Führungsstil gefragt, ein stark partizipatives Führungssystem, das vom CEO vorgelebt werden muss. Eigentlich ist das nicht einmal mehr partizipativ, sondern fordert einen nahezu 180 Grad-Perspektivwechsel. Denn ich entwickle die Jahres-Objectives mit meinem Management-Team, dann wird bottom up oder aus den Teams heraus eine Lösung angeboten und umgesetzt. Das Ergebnis wird an den vorab festgelegten KPIs gemessen. Daraus resultiert eine gänzlich neue Dynamik. Natürlich insbesondere eine hohe Motivation der Mitarbeiter. Allerdings ebenfalls ein anderes Managementverhalten. Es gibt keine klassischen Geschäftsführungsmeetings mehr, sondern Meetings mit den Teams, die einmal im Monat erklären, wo sie sich befinden und wie sie den Weg weiter beschreiten. Mir bleibt die Entscheidung, in den Diskurs zu gehen. Aber die restliche Zeit können und sollen die Teams eigenverantwortlich agieren.

Diese Form der Agilität wird derzeit breit diskutiert. Manche Unternehmen treiben es auf die Spitze und lösen sämtliche Hierarchien auf. Doch das Ganze betrifft nicht nur die Arbeitsstruktur, sondern auch die Art und Weise, wie ich als Geschäftsführer Dinge und Themen vorgebe –

eben anders, auf einem höheren Aggregationslevel, eben auf der Objective-Ebene. Im Vergleich zum Führungsstil der ersten Generation von Internet-Firmen ist das ein echter Umbruch.

Change betrifft also auch immer den Anführer des Prozesses. Genauso wie auf das Unternehmen vom Markt getriebene strukturelle Veränderungen zukommen, kommen auf den CEO von den Mitarbeitern getriebene Veränderungen zu, sodass das eigene Führungsverhalten überdacht und kontinuierlich neu justiert werden muss.

Change ist anstrengend. Gar nicht mal hinsichtlich des Arbeitsaufwands, sondern viel mehr, was die Änderung von Logik und Gewohnheiten anbelangt. Über ein bekanntes Problem auf einmal anders zu denken, ist für uns Menschen einfach kräftezehrend. Außerdem vollzieht sich der Wandel nicht bloß in der Firma, bei der Arbeit, er durchdringt persönlich. Und das galt für die alten WLW-Mitarbeiter genauso wie für die Teams danach oder die neuen heute und nicht zuletzt auch für den CEO. Das geht selbst jenen so, die noch vor wenigen Jahren die Change-Treiber waren und nicht verstehen konnten, warum andere nicht mitzogen, doch nun selbst zurückhängen. Denn selbst Change überholt sich. Schließlich ist die Aufgabe nicht erledigt, wenn man glaubt, die Transformation zu einer Internetfirma geschafft zu haben.

6

Super, geschafft – fertig?

Beeinflusst von externen Rahmenbedingungen und inneren Ansprüchen befinden wir uns als zeitgemäß aufgestelltes Unternehmen also in einem permanenten Change-Prozess. Noch vor ein paar Jahren stellte diese Erkenntnis bei WLW ein Problem dar. Als wir umgezogen waren, meinten Viele: Super, das haben wir jetzt geschafft und fertig. Als danach klar wurde, dass äußere Faktoren kontinuierlich rasche und permanente Veränderung fordern und man sich immer wieder anzupassen hat, war die Bestürzung mancher groß. Die Organisation, wie sie derzeit aufgestellt ist, ist perfekt – für den Moment. Aber wir werden weitergehen. Vielleicht verändern wir den Standort Hamburg? Vielleicht holen wir noch einen neuen dazu? Wieviel werden zukünftig nur noch „remote" arbeiten? Wir passen uns der Marktlage konstant an, nicht nur an den Wettbewerb, sondern insbesondere an unsere Startegie und auch an das Know-how und die Erwartungen der Talente, die wir brauchen, um kontinuierlich voranzukommen.

© Springer Fachmedien Wiesbaden GmbH, ein Teil von Springer Nature 2020
P. F. Schmid, *Mission Wandel*, https://doi.org/10.1007/978-3-658-32175-8_6

Hürden der Internationalisierung

Was für viele Organisation erstrebenswert scheint und in der Welt der globalen Märkte ein echtes Muss ist, stellt sich in der Umsetzung oftmals alles andere als trivial dar: die Sprache. Bei WLW wurden in einem ersten Schritt alle Dokumente, Präsentationen und das Company Meeting auf Englisch umgestellt. Ein vermeintlich einfacher Schritt, der allerdings aufgrund mangelnder Sprachkenntnisse oft dazu führte, dass auf allen Seiten Informationen verloren gingen. Es entstanden Missverständnisse, die immer wieder neue Probleme heraufbeschworen. Für jeden Mitarbeiter Sprachkurse zu organisieren, verspricht, langfristig eine Lösung zu sein, aber im Mittelteil kann selbst modernste und hilfreiche Übersetzungssoftware nicht darüber hinwegtäuschen, dass *eine* gemeinsame Sprache von zentraler Bedeutung ist, die jedoch für den ein oder anderen eine enorme Herausforderung bedeutet.

Kulturübergreifende gemeinsame Identität

Von Land zu Land unterschiedet sich die Kultur des Führungsstils, das gilt natürlich ebenfalls für Frankreich (die Zentrale von EUROPAGES befindet sich in Paris) und Deutschland. Diese kommen umso mehr zum Tragen, wenn die jeweiligen Landesorganisation typisch deutsch oder typisch französisch aufgebaut und geprägt sind. Unser Ziel ist es deshalb ‚an den jeweiligen Standorten wirklich internationale Teams aufzubauen und zusammenzustellen. Dies gilt auch für das Managment Team, wo inzischen ein indisch-stämmiger die Software-Entwicklung vertritt.

Zudem liegt uns viel daran, den persönlichen Austausch der Mitarbeiter zwischen den Standorten zu fördern – das heißt, häufig zu reisen, sich noch häufiger online zu treffen, also auch visuell per Zoom immer wieder alle zusammen zu bringen, insbesondere in Zeiten, in denen das Reisen nicht möglich ist. Es klingt wie ein Stereotyp, kommt aber in der Realität täglich vor: Die Mitarbeiter beider Plattformen sind aufgefordert, unser gesamteuropäisches Angebot zu unterbreiten, allerdings wurde das der „anderen Seite" oft stiefmütterlich behandelt. Diese Einstellung aus den Köpfen von knapp vierhundert Mitarbeitern zu bekommen, schien zunächst fast unmöglich. Hinzukam, dass auch Kunden nicht immer nachvollziehen konnten, wann es sich bei uns um das Produkt und wann um die Unternehmung handelte. Darum war der wiederum nächste Schritt nur konsequent, sowohl für die Mitarbeiter als auch für unsere Kunden ein neues Markendach und damit Klarheit zu schaffen.

Das Kind braucht einen Namen

Unser im Mai 2019 eingeführter neuer Unternehmensname verdeutlicht sofort, was wir tun: *Visable*. Das Kunstwort ist eine Verbindung von *visibility* (Sichtbarkeit) und *enable* (ermöglichen). Unser neues Logo baut auf den Corporate Colors von WLW und EUROPAGES auf, und die Botschaft lautet: Visable macht sichtbar – wir versetzen den Mittelstand in die Lage, online sichtbar zu werden – *online business made easy*.

Für all das haben wir ein Jahr lang ein intensives Verfahren durchlaufen und uns gefragt, wie kann das neue Dach aussehen? Der Nutzer soll alles wie immer vorfinden, aber Kunden, Mitarbeiter und Gesellschafter benötigen eine internationale Marke, in der sie sich wiederfinden. Solche Überlegungen sind an sich ein langwieriger und komplexer Prozess. In unserem Fall wurde die Namensfindung, die Diskussion darüber und eine kleine Marktforschung von unternehmenseigenen Teams betrieben, nur mit minimaler Unterstützung von außen beim Brainstorming. Das beschleunigte nicht nur den Ablauf, sondern macht uns umso stolzer auf das Resultat. Visable – kann man den Namen überhaupt schützen? Sind die Domains noch verfügbar etc.? Als alle Fragen geklärt waren, mussten die Website neu aufgesetzt, alle Kommunikationsmittel an allen Standorten umgestellt und alle Firmen – es sind ja mittlerweile sieben an der Zahl – umbenannt werden, und das exakt zu *einem* Stichtag. Am 30. Mai 2019 wurden sämtliche Türschilder ausgetauscht, sodass die Visable SA in Frankreich genauso wie die Visable GmbH in Deutschland zur gleichen Zeit und vor allem gemeinsam eine Transformation erlebten.

Ein europäisches Unternehmen mit einem internationalen Namen zu sein, war nach sieben Jahren noch einmal ein riesiger Meilenstein – zwar logisch und konsequent, aber auch herausfordernd. Wir erklärten in einer sehr ausführlichen internen Beschreibung, was die Umstellung für jeden Einzelnen bedeutet, und wie man den Wandel nach außen kommuniziert. Mit einer internen Roadshow wurden die Beweggründe und Hintergründe ausführlich erläutert, damit die neue Marke von allen verstanden und verinnerlicht werden konnte. Und am Stichtag haben wir dann den Visable-Launch mit einer großen Party gefeiert, zu der zum ersten Mal alle Mitarbeiter aller Länderbüros in Hamburg zusammentrafen.

Core und Kompetenz

Obwohl wir inzwischen fast vierhundert Mitarbeiter zählen und zwei-stellig wachsen, benötigen wir noch mehr schlaue Köpfe. Unsere zig offe-nen Stellen sind einerseits Beleg, dass Visable ein erfolgreiches Unterneh-men ist. Andererseits stellt der Bedarf an neuen Mitarbeitern unsere größte Wachstumsbremse dar. Die Frage lautet, welcher Bereich gehört zum Core? Welchen baue ich in der eigenen Organisation weiter auf oder erwerbe ich, um mehrere Schritte auf einmal nach vorne zu machen? Die Website stetig weiterzuentwickeln ist Core-Kompetenz. Auch die vor-handenen Daten zu pflegen und zu erweitern, ist immens wichtig, immer bedeutender allerdings ist die technische Kompetenz, im Netz elektro-nisch Daten zu sammeln, zu verstehen sowie sie immer wieder neu und besser suchbar zu machen und optimal darzustellen. Damit wir uns wei-terentwickeln, setzt Visable vielseitig auf externe Impulse, Wissen und Können. Wir nutzen Know-how, wo es vorhanden ist. Und so fanden wir Spezialisten für Künstliche Intelligenz und Datenbanken in Litauen und Polen. Darüber hinaus kooperieren wir mit Aumago („Deutschlands größtem B2B-Zielgruppen-Netzwerk"). Einen weiten Sprung vorwärts zu machen, war ebenfalls einer der Hauptgründe, warum wir 2019 das Berliner Start-up gebraucht.de übernommen haben. Das junge, hoch-dynamische, international aufgestellte Team hatte mit State of the Art-Software in kürzester Zeit eine C2C-Website entwickelt. Nun arbeitet das Unternehmen unter dem Dach der „Visable Labs GmbH" in Berlin an der Weiterentwicklung unserer Plattformen, um das exzellente Know-how auf die B2B-Welt zu übertragen.

Denn nur solche Beschleunigungskräfte zusammen mit der Erfahrung des bestehenden und mittlerweile bewährten Teams sichern die Zukunft von Visable. Wie in den vergangenen Jahren wird die Veränderung dabei unser ständiger Begleiter sein und inzwischen ist sie fester Bestandteil unserer Unternehmenskultur.

7

Schlussgedanken

Change is constant

Die Marke „Wer liefert was? Bezugsquellen-Nachweis für den Einkauf"
war bereits 80 Jahre alt, als ich 2012 ins Unternehmen kam. Der Re-
Start, der Beginn der digitalen Transformation und die Grunderneuerung
auf allen Ebenen dauerte etwa vier Jahre. Unsere Vision „B2B in Europe
starts with us" begeistert und diese kontinuierlich mit immer mehr Inhalt, Substanz und Leben, also einer wachsenden Anzahl von Kunden
und Nutzern zu füllen – nicht nur in Deutschland, sondern in ganz Europa – dauert an. Denn Unternehmen wachsen und entwickeln sich nie
unter Laborbedingungen, sie durchlaufen ständig Anpassungsprozesse.

Meine Aufgabe bei WLW hieß zunächst, eine schlüssige Antwort auf
die folgende Frage zu finden: Wie schafft ein traditionell aufgestelltes
Unternehmen den Perspektivwechsel und den Übergang zu einer zu-
kunftsfähigen Entwicklung im stets herausfordernden Umfeld globalen
Wettbewerbs? Voraussetzung dafür sind eine klare Vision, Strategie, ein
attraktives Produktportfolio sowie eine moderne Organisationsstruktur,
effiziente Prozesse und die passende Kultur. Aufgrund meiner Change-
Erfahrungen der vergangenen Jahre kann ich sagen: Selbst wenn hoher
Veränderungsdruck besteht, gelingen elementare Herausforderungen wie
diese nur mit viel Ausdauer und notwendiger Radikalität. Und mit der

© Springer Fachmedien Wiesbaden GmbH, ein Teil von Springer Nature 2020
P. F. Schmid, *Mission Wandel*, https://doi.org/10.1007/978-3-658-32175-8_7

Bereitschaft, in jeder Phase des Prozesses Verantwortung zu übernehmen. Das betrifft erstens die Vision – wohin soll die Reise gehen? Zweitens, die Strategie – wie gelangen wir dorthin? Drittens, den strukturellen Aufbau der Organisation und ihrer Abläufe. Viertens, die „Mitarbeiterpflege" – wen möchte ich gewinnen, wen möchte ich halten? Und fünftens: die persönliche Verantwortung als Role Model. Denn gute Führung wird in Zukunft insbesondere von der Persönlichkeit und Glaubwürdigkeit des ersten Vorbilds im Unternehmen abhängen.

Der Wandel, die Veränderung, die digitale Transformation, all das, was unternehmerisch jahrzehntelang unter dem Begriff Change zusammengefasst und zu systematisieren versucht wurde, wird sich meiner Meinung nach weiter und noch schneller dynamisieren und damit flexibilisieren müssen – nicht nur, aber auch in der Theorie. Zukünftig wird man keine Zeit oder gar Energie für allzu langwierige und komplizierte Bestandsaufnahmen (von oftmals externen Dritten) haben, sondern von Anfang an agil und mit konsequenter Hand vorgehen müssen. Tut man das nicht, wird die Wahrscheinlichkeit, die Dinge in den Griff zu bekommen, immer geringer. Denn ich muss wichtige Themen, egal wie klein sie mir (vorläufig) erscheinen mögen, umgehend mehrperspektivisch sowie vielschichtig prüfen und schnell verstehen. Wissenschaftliche Methoden-Modelle aus der Vergangenheit, die zum Beispiel als Startpunkt des Change-Prozesses eine Absatz- oder Erfolgskrise benennen, sind nicht mehr zeitgemäß. Wenn erst kritische Umsatzzahlen nachdenklich stimmen, ist es im Internetzeitalter in der Regel meist zu spät.

Vermutlich ist das der fundamentale Umbruch in der Wirtschaftsdynamik: Früher gelangen immer wieder Turnarounds von Firmen, die bereits tief in Schwierigkeiten steckten. Heute jedoch ist vielmehr gefragt, strategische Krisen sofort aufzudecken, idealerweise zu antizipieren und eine permanente Anpassungsfähigkeit aller an der Organisation Beteiligten zu ermöglichen. Für statisches Vorgehen wird mittlerweile in nahezu allen Wirtschaftsbereichen die Luft dünn. Es heißt, 70 Prozent aller Change-Projekte scheitern, beziehungsweise erfüllen nicht die Erwartungen. Und selbst John P. Kotter erklärte schon vor mehreren Jahrzehnten in seinem Standardwerk:[1] Nur 30 Prozent aller Change-Projekte gelin-

---

[1] John P. Kotter: „Chaos, Wandel, Führung", Berlin, 1998.

gen. Aktuelle Studien belegen sogar, die Quote, erfolgreich die Digital-transformation zu bestehen, sinkt weiter. Als Ursache wird vor allem die mangelnde Fähigkeit des Managements ausgemacht, immer wieder sämtliche Denk- und Handlungsmuster über Bord zu werfen.

Denn der Hauptunterschied zwischen dem erfolgreichen Führungsstil von vor zwanzig Jahren und dem aktuellen besteht darin, dass einem heutzutage kein Mitarbeiter mehr folgt, nur weil man „der Chef", Vorgesetzte oder Bereichsleiter ist. Die Jahrhunderte gelebte Ordnung der Hierarchien ist in Auflösung. Gefolgt wird heute Visionen und nicht mehr Positionslichtern – das fordert jeden Bereich unserer Gesellschaft heraus. Austausch auf Augenhöhe ist gefragt – das betrifft übrigens auch die Politik, die andernfalls zunehmend Bürgerverdruss produziert.

Modernes Leadership bedeutet in Unternehmen, Bedingungen zu realisieren, die Mitarbeitenden im Rahmen ihrer individuellen Fähigkeiten immer wieder neue Herausforderungen bieten und ihnen ermöglichen, ihr Wissen und Können maximal einzubringen. Die Auswahl dieser Herausforderungen vollzieht sich freiwillig und dadurch hoch motiviert. Erstellt werden sie von Führungskräften, die neue Marktlandschaften, Arbeitsmethoden, Chancen und Alternativen erkennen und respektieren. Daraus folgt: Ein zeitgemäß konkretes, praktikables und zukunftsfähiges Change-Modell – das die Internet-Branche mit ihren allein schon persistent systemimmanenten Veränderungen miteinschließt – sollte unbedingt die Mitarbeitenden, ihre Ansichten, ihre Fähigkeiten und ihr Handeln in den Mittelpunkt stellen.

Erfolgreiche Organisationen sind heute Einheiten aggregierten Wissens – insbesondere im Tech-Bereich. Als CEO muss man vor allem zuhören, sich das weltweite Know-how zunutze machen und kontinuierlich dazulernen. Entwickelt sich das Vorbild nicht weiter, gerät die gesamte Unternehmung ins Stocken. Gute Führung bedeutet für mich, verantwortungsbewusster Treiber der richtungsweisenden Vision zu sein sowie Akzeptanz und Engagement zu fördern. Das Allesentscheidende ist jedoch, im Unternehmen eine Struktur und Kultur zu schaffen, in der dauerhafter Change möglich ist.

Bekanntlich gelingt es kaum, andere Menschen zu ändern. Aber man kann – aktiv und mutig – eine Umgebung kreieren, in der Menschen immer wieder von selbst entscheiden, sich und somit die Dinge zu verändern – und auf diese Weise dem Unternehmenserfolg fruchtbaren Boden zu bereiten.

Ermutigung

Dieses Buch soll Unternehmer, Manager und Macher – Frauen wie Männer – dazu ermutigen, die konstante Weiterentwicklung ihrer Unternehmungen in die Hand zu nehmen, aktiv Veränderungsprozesse einzuleiten und Unternehmen zukunftsfähig und langfristig erfolgreich zu machen. Im Zeitalter der Digitalisierung sind die Chancen, die sich branchenunabhängig allen Unternehmen bieten, gewaltig, ob groß oder klein und egal, wo sie angesiedelt sind. Es ist an uns und Ihnen, sie zum Wohle Ihrer Unternehmen, der Mitarbeiter und der Gesellschaft als Ganzes zu nutzen.

Dank

Mein Berufsleben war stets geprägt von Wandel und Change. Auch meine Familie hat die Folgen dieser konstanten Veränderungen miterlebt und nicht nur bei den vielen Umzügen von Stadt zu Stadt mitgetragen. Ohne die immerwährende Unterstützung meiner Frau Katja und die Gelassenheit und das Vertrauen meiner Kinder Amalia, Fridericus und Carolus wäre das nicht möglich gewesen – dafür danke ich meiner Familie von ganzem Herzen.

Dieses Buch wäre nicht entstanden ohne den initialen Impuls von Rolf-Günther Hobbeling, die Unterstützung von Sylvia Bieker und den inhaltlichen und wissenschaftlichen Rat von Prof. Dr. Dieter Dahlhoff. Herzlichsten Dank!

Ein kleine Bilderreise durch die wlw-Entwicklung

wlw 1934 und 1995

1934

Die Erstausgabe von „Wer liefert was" erschien 1934.

1995

wlw geht online, Nutzer können rund um die Uhr nach Anbietern suchen.

© Springer Fachmedien Wiesbaden GmbH, ein Teil von Springer Nature 2020
P. F. Schmid, *Mission Wandel*, https://doi.org/10.1007/978-3-658-32175-8

wlw 2020

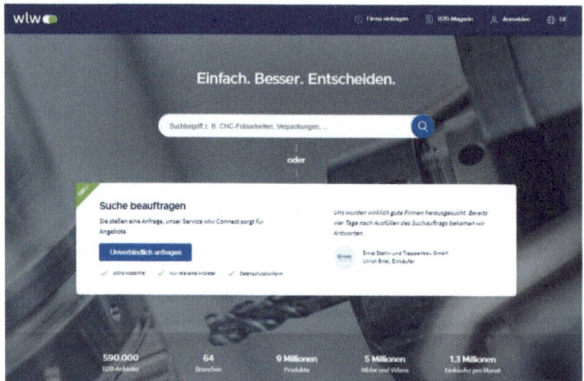

2020

wlw ist heute die
führende B2B-Plattform
in der DACH-Region, die
Beschaffungsprozesse
einfacher und effizienter
macht

Visable (wlw) Hauptsitz in Hamburg – Der Wandel wird auch äußerlich sichtbar

Vision

"B2B in Europe start with us" – Visable the new Euopean B2B champion

The manufacturer's authorised representative in the EU is Springer
Nature Customer Service Centre GmbH, Europaplatz 3, 69115 Heidelberg,
Germany. If you have any concerns regarding our products, please
contact ProductSafety@springernature.com

Printed and bound by CPI Group (UK) Ltd, Croydon, CR0 4YY
28/04/2026
02098480-0001